LE
BUREAU TÉLÉPHONIQUE SEMI-AUTOMATIQUE
D'ANGERS

PAR

M. REYNAUD-BONIN
Ingénieur des Postes et des Télégraphes.

Extrait des *Annales des Postes, Télégraphes et Téléphones*
Juin 1916.

PARIS
A. DUMAS, ÉDITEUR
6, RUE DE LA CHAUSSÉE-D'ANTIN, 6

1916

LE

BUREAU TÉLÉPHONIQUE SEMI-AUTOMATIQUE

D'ANGERS

PAR

M. REYNAUD-BONIN,
Ingénieur des Postes et des Télégraphes.

EXTRAIT DES *Annales des Postes, Télégraphes et Téléphones*,
JUIN 1916.

PARIS
A. DUMAS, ÉDITEUR
6, RUE DE LA CHAUSSÉE-D'ANTIN, 6

1916

Le bureau téléphonique semi-automatique d'Angers.

NOTIONS SUCCINCTES DE TÉLÉPHONIE SEMI-AUTOMATIQUE

Le système téléphonique *semi-automatique* ne diffère pas du système à *batterie centrale* en ce qui concerne les postes d'abonnés et l'intervention des opératrices pour établir une communication. Le téléphone semi-automatique peut donc être substitué à notre système actuel de batterie centrale sans apporter aucun trouble dans les habitudes des abonnés : ce n'est qu'une question de montage de bureau central.

Dans un bureau central semi-automatique, lorsque l'opératrice a enregistré le numéro de l'abonné demandé sur un clavier analogue à celui d'une machine à écrire, la mise en relation de cet abonné avec l'abonné demandeur se poursuit automatiquement par des commutateurs tournants que nous décrirons plus loin. Donc, plus de fiches, plus de jacks généraux ou particuliers ; le meuble téléphonique est réduit aux proportions d'une simple table d'aspect très dégagé.

L'opératrice n'est occupée par le demandeur que juste le temps suffisant pour enregistrer sur son clavier le numéro demandé. Une téléphoniste habile pourra assurer jusqu'à 500 communications à l'heure, chiffre double de celui qui est obtenu avec la batterie centrale manuelle.

Enfin le système téléphonique semi-automatique se prête aisément à la transformation en système entièrement automatique. Dans ce cas, les postes d'abonnés doivent être remplacés par des postes spéciaux, mais le montage du bureau central ne doit subir que des modifications insignifiantes : quelques fils de connexions à supprimer si le système complètement automatique est réalisé. On peut même avoir concurremment dans un même bureau

Fig. 1. — Table d'opératrice pour système semi-automatique.

des abonnés semi-automatiques et des abonnés convertis en automatique pur.

Historique. — C'est en 1912 que M. Chaumet, sous-secrétaire d'État aux Postes et Télégraphes, a décidé l'établissement de commutateurs semi-automatiques dans les bureaux d'Angers et de Marseille et de commutateurs automatiques à Nice et à Orléans.

Les travaux d'aménagement de ces bureaux étaient tous entrepris en juillet 1914 quand la guerre éclata. Malgré la raréfaction de la main-d'œuvre l'équipement du bureau d'Angers a été achevé et le bureau semi-automatique mis en service en novembre 1915.

Le passage du service manuel au service semi-automatique s'est effectué sans incidents.

1.400 abonnés sont reliés au commutateur, dont la capacité totale est de 3.000 abonnés et qui est placé dans un local assez vaste pour recevoir une extension considérable (jusqu'à 20.000 abonnés).

Nous allons décrire le fonctionnement du commutateur semi-automatique.

Sommaire

La planche I représente le circuit complet du système.

Nous décrirons ce qui se passe aux diverses phases d'une conversation.

A. — Un abonné décroche son récepteur.

Les lignes d'abonnés aboutissent à des chercheurs primaires à raison de 60 par chercheur et elles sont multiplées sur plusieurs chercheurs primaires. Les chercheurs primaires cherchent la ligne appelante et l'un d'eux s'arrête sur cette ligne. Les chercheurs secondaires cherchent les chercheurs primaires et s'arrêtent sur le chercheur primaire intéressé. Le combineur choisisseur d'enregistreur cherche un enregistreur libre, le trouve et l'opératrice est avertie par tonalité ; finalement le poste d'opératrice est relié à la ligne appelante.

B. — L'opératrice reçoit la demande de l'abonné appelant et appuie sur ses clés pour sonner l'abonné appelé.

L'opératrice appuie successivement sur les clés des mille, des centaines, des dizaines et des unités pour former le numéro de l'abonné appelé, la lampe de sonnerie scintille, les clés restent

Fig. 2. — Chercheur de lignes (Partie fixe).

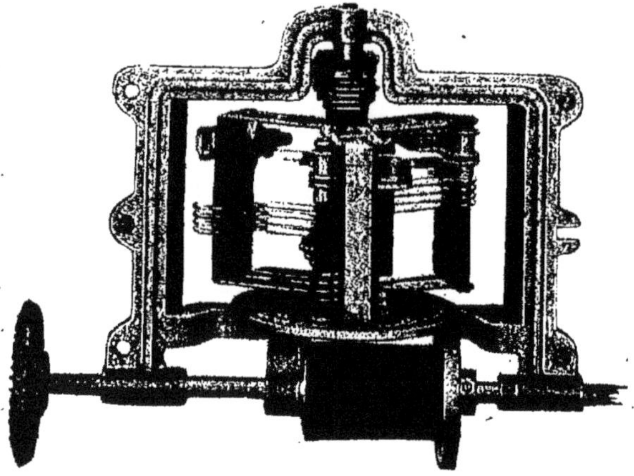

Fig. 3. — Chercheur de lignes (Partie tournante).

enclanchées tant que les enregistreurs ne se sont pas arrêtés sur les positions correspondant aux chiffres de ce numéro ; les enregistreurs tournent et s'arrêtent, les clés du clavier sont dégagées et la lampe d'avancement des centaines s'allume. Le choisisseur de balais est actionné et commence à tourner; le choisisseur de balais s'arrête sur le groupe de centaines choisi et la lampe des centaines s'éteint; la lampe d'avancement des dizaines s'allume; le chariot à balais se met à tourner et s'arrête sur les broches de la ligne auxiliaire allant au sélecteur de lignes libre; le choisisseur de balais recommence à tourner, s'arrête sur les dizaines choisies, la lampe des dizaines s'éteint et la lampe d'avancement des unités s'allume; le chariot à balais se remet à tourner, l'électro-aimant d'embrayage du sélecteur final arrête celui-ci sur l'unité convenable et la lampe des unités s'éteint; l'enregistreur est déconnecté.

Si la ligne demandée est libre, la lampe de sonnerie s'éteint, l'appel a lieu et la lampe de contrôle d'appel s'allume.

C. — L'abonné appelé répond en décrochant son récepteur; la conversation a lieu.

D. — Les abonnés raccrochent leurs récepteurs; les lampes de supervision s'allument.

E. — L'opératrice rompt la connexion en appuyant sur sa clé de rupture. Le compteur de conversation est actionné. Les divers sélecteurs retournent au repos.

La planche II (détails du fonctionnement du schéma de la planche I) permet également de suivre le fonctionnement du système dans les opérations énumérées aux paragraphes A, C, D et E.

F. — L'abonné appelé au paragraphe B est occupé; le signal d'occupation est transmis à l'abonné appelant.

L'opératrice coupe la communication en appuyant sur la clé de rupture, mais le compteur de conversation n'est pas actionné (paragraphe G).

H. — L'abonné appelé au paragraphe B ne répond pas: l'opératrice en informe l'abonné appelant qui raccroche son récepteur.

Le paragraphe I est consacré à des détails de réalisation des chercheurs et des sélecteurs et de montage des positions d'opératrices.

Le paragraphe J traite du blocage des sélecteurs devenus défectueux. Les abonnés de ces sélecteurs sont transportés sur un autre et le sélecteur défectueux maintenu dans la position défectueuse pour faciliter la recherche du dérangement.

Le paragraphe K explique la possibilité de l'entr'aide entre les opératrices.

L. — L'abonné demande le service des renseignements, la table d'essai ou bien une annotatrice.

Des clés spéciales permettent d'établir ces connexions sans que le compteur de l'abonné fonctionne.

Les incidents pouvant donner lieu à des ruptures prématurées de conversations sont examinés au paragraphe M.

Enfin les circuits de la table de surveillante sont décrits dans un chapitre spécial et ceux de la table d'essai font l'objet de la dernière partie de cet article.

LISTE DES ABRÉVIATIONS EMPLOYÉES DANS LE TEXTE

Équipement d'une ligne d'abonnés.

1. Relais de ligne LR.
2. Relais de coupure COR.
3. Compteur de conversation SM.
4. Relais de démarrage CR (commun à 60 lignes d'abonnés).
5. Relais de démarrage SCR (commun à 6 chercheurs primaires).

Chercheur de lignes primaires.

1. Balais du chercheur primaire ABCD.
2. Électro-aimant d'embrayage du chercheur primaire P.
3. Électro-aimant de blocage du chercheur primaire H.
4. Interrupteur du chercheur primaire INT.
5. Électro-aimant du combineur R.
6. Ressorts du combineur A à M.
7. Relais d'essai LT_1C et LT_2R.

Sélecteur de lignes ou final.

1. Balais du sélecteur final ABC.
2. Électro-aimant d'embrayage du sélecteur final P_1.

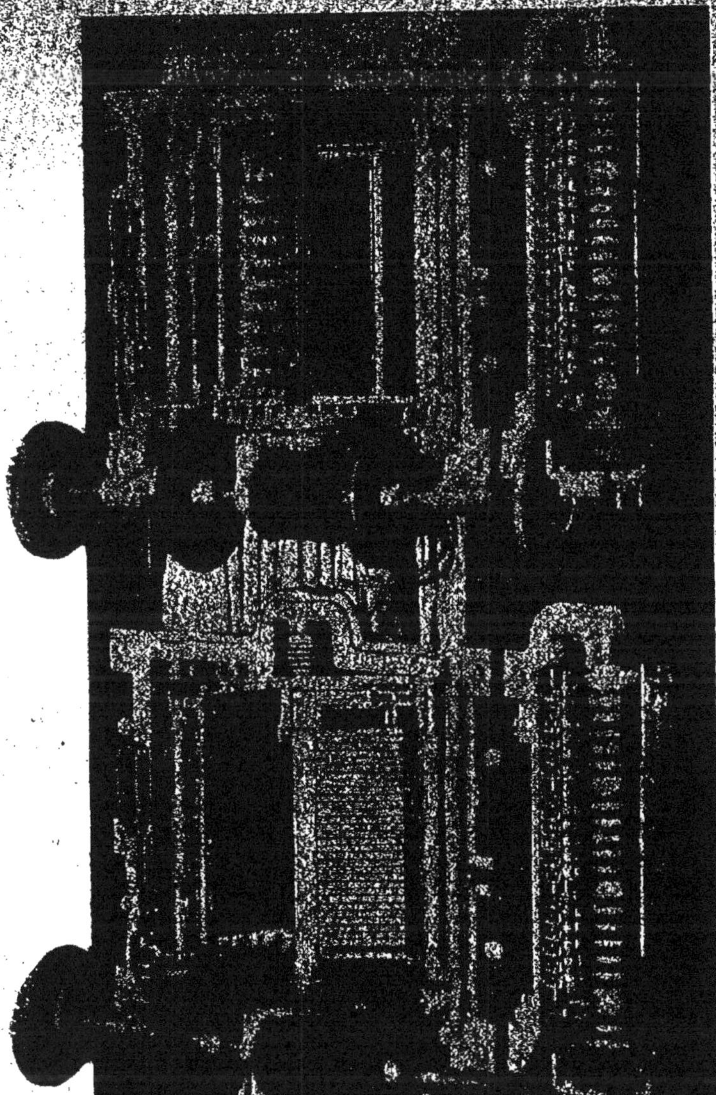

Fig. 4. — Ensemble du mécanisme automécanique d'une baie du commutateur semi-automatique d'Angers.

3. Électro-aimant de blocage du sélecteur final H.
4. Interrupteur du sélecteur final $INT._1$.
5. Électro-aimant du choisisseur de balais P_2.
6. Interrupteur du choisisseur de balais $INT._2$.
7. Électro-aimant du combineur R.
8. Ressorts du combineur A à Q.
9. Relais d'essai FT_1R et FT_2R.
10. Relais de rupture QR.
11. Relais de sonnerie RGR.
12. Relais de ligne du sélecteur final FLR.
13. Relais à mouvement lent SAR (employé dans le circuit S.-E. 1162).

Circuit de connexion.

1. Balais du chercheur secondaire EFGH.
2. Électro-aimant d'embrayage du chercheur secondaire PF.
3. Électro-aimant de blocage du chercheur secondaire HF.
4. Interrupteur du chercheur secondaire F. INT.
5. Électro-aimant du combineur du chercheur secondaire RI.
6. Ressorts du combineur du chercheur secondaire A à M.
7. Relais de supervision S_1R et S_2R.
8. Lampes de supervision S_1L et S_2L.
9. Lampe d'appel CL.
10. Lampe de sonnerie RL.
11. Interrupteurs d'éclairement des lampes FL_1 et FL_2.
12. Clé d'écoute LK.
13. Clé de rupture RK.
14. Bobine d'induction d'occupation CI.
15. Balais du sélecteur de groupes primaire K.IJ
16. Électro-aimant d'embrayage du sélecteur de groupes primaire PG.
17. Électro-aimant de blocage du sélecteur de groupes primaire HG.
18. Interrupteur du sélecteur de groupes primaire G.INT.
19. Électro-aimant du choisisseur de balais P_2.
20. Interrupteur du choisisseur de balais $INT._2$.
21. Électro-aimant du combineur du sélecteur de groupes primaire R_2.
22. Ressorts du combineur du sélecteur de groupes primaire A à S.
23. Relais d'essais GT_1R et GT_2R.
24. Relais de ligne du sélecteur de groupes primaire GLR.
25. Relais de rupture RR.
26. Relais de blocage HOR.
27. Relais de rupture du circuit du compteur MHR.
28. Relais de garde GR (1 par groupe de chercheurs secondaires).
29. Lampe de blocage HOL.
30. Lampe de garde GL (1 par groupe de chercheurs secondaires).
31. Électro-aimant du combineur choisisseur d'enregistreur R_3 (associés avec R_1 et R_2).
32. Ressorts du combineur A à S.

Circuit du poste d'opératrice.

1. Électro du combineur distributeur d'enregistreurs RH.

2. Ressorts du combineur A à S.
3. Relais commun de rupture CRR.
4. Relais commun d'avertissement CTR.
5. Relais de rupture d'écoute LOR_1, LOR_2, LOR_3.
6. Lampe pilote commune HL.
7. Jack d'opératrice avec contacts locaux TJ.
8. Appareils de transmission usuels (transmetteur, récepteur, bobine de self, condensateurs, bobine d'induction).
9. Bobine d'induction d'avertissement CT.
10. Clé de blocage commune CHOK (commune à chaque position).
11. Clé de rupture CRK (commune à chaque position).
12. Clé commune de rupture du circuit du compteur CMHR (commune à chaque position).
13. Clés d'entr'aide communes N_1CK et N_2CK (communes à chaque position).
14. Relais de relâchement PVR commun à chaque position.

Enregistreur A.

1. Électro du combineur de l'enregistreur RHA (RN_1A pour la position de gauche et RN_2A pour celle de droite).
2. Relais de démarrage HAR (N_1AR pour la position de gauche et et N_2AR pour celle de droite).
3. 2 Relais d'entr'aide AR (A_1R pour la position de gauche et A_2R pour celle de droite).
4. Relais d'enregistreur HA_1R.
5. Relais spécial utilisé pour appels vers les annotatrices TRAR.
6. Relais de rupture du circuit du compteur MHAR.
7. Relais de sélection SR.
8. Relais commun de contrôle MR.
9. 4 Relais de coupure des enregistreurs NR.
10. 4 Électros de combineur enregistreur des numéros R. 1000, R. 100, R. 10, R. U.
11. 4 jeux de ressorts des combineurs enregistreurs des numéros A à O, A à M, A à M, A à K et A à P, respectivement.
12. Une série de paires de relais compteurs :
    1 SCR 200 ohms numéro 0.
    19 SCR 600 ohms numéros 1 à 19.
    1 TCR 400 ohms numéro 0.
    20 TCR 800 ohms numéros 1 à 19.
13. Lampes indicatrices de l'avancement des connexions 100, 10 et U.

Enregistreur B.

1. Électro du combineur de l'enregistreur RHB (RN_1B pour la position de gauche et RN_2B pour celle de droite).
2. Relais de mise en marche HBR (N_1BR pour la position de gauche et N_2BR pour celle de droite)
3. Relais d'enregistreur HB_1R.

4. 2 Relais d'entr'aide HBR (N_1BR pour la position de gauche et N_2BR pour celle de droite).
5. Relais spécial utilisé pour les appels vers les annotatrices TRAR.
6. Relais de rupture du circuit du compteur MHAR.
7. Même équipement montré de 7 à 13 pour l'euregistreur A.

Circuit du keyboard (commun aux enregistreurs A et B).

1. 4 clés numérotées à enclanchement magnétique de chacune 10 boutons 1.000.S., 100.S., 10. S., U.S.
2. Relais de contrôle des clés KTR.
3. Relais d'appels spéciaux CMHR, RCR, CTRR, ERR et IRR pour appeler la table d'information et la table d'essais.
4. Clé de dégagement des numéros WOK.

FONCTIONNEMENT

A. — L'ABONNÉ DÉCROCHE SON RÉCEPTEUR

1) Les deux fils de ligne A et B étant reliés au poste d'abonné, le courant de la batterie de 24 volts passe à travers les deux enroulements de 1.000 ohms du relais de ligne LR et par les deux contacts de repos du relais de coupure COR. L'armature du relais LR est attirée, ce qui a pour effet de fermer le circuit de la batterie de 48 volts au travers des deux relais de démarrage CR et des deux résistances de 200 et 600 ohms en série à la terre.

Les relais CR, en attirant leurs armatures, ferment le circuit du relais SCR, lequel à son tour ferme le circuit des électros d'embrayage des chercheurs primaires P à travers le contact inférieur de G, le contact de repos du relais de test LT_2R, le contact supérieur de B, le point commun où se concentrent les chercheurs primaires correspondants au groupe d'abonnés dont fait partie la ligne appelante, les deux contacts en parallèle du relais SCR et la terre. Tous les chercheurs primaires du groupe se mettent à tourner à la recherche de la ligne appelante. Un de ces chercheurs primaires rencontre la ligne le premier et met en contact entre ses quatre balais avec les broches ABCD de cette ligne. A ce moment, le courant qui passe par les relais CR se bifurque par la broche D, le balais correspondant, le ressort C du combineur, l'enroulement de 800 ohms du relais de test LT_1R, le ressort L et la terre. Le relais de test LT_1R attire son armature de sorte que le courant s'établit à travers l'enroulement de

12 ohms de ce relais et l'enroulement de 20 ohms du relais de test LT_2R et de là par le contact inférieur de D et la terre.

Il est essentiel de remarquer que le relais LT_2R n'opère que si les balais du chercheur sont bien en face des broches de la ligne appelante ; s'il en était autrement, l'interrupteur du chercheur primaire INT l'en empêcherait en le mettant en court-circuit à la terre par le contact supérieur de M. Le shunt formé par les deux enroulements de 12 ohms et de 20 ohms des deux relais de test a pour but de rendre la ligne appelante « occupée » pour tous les autres chercheurs de ligne, les relais LT_1R étant réglés de façon qu'ils n'attirent pas leurs armatures lorsqu'ils sont ainsi shuntés. Pour rendre impossible une double connexion les relais LT_1R sont réglés de telle sorte que si, par hasard, deux d'entr'eux opéraient en même temps leurs armatures retomberaient, ce qui aurait pour effet de laisser tourner les deux chercheurs primaires correspondants tandis que, vraisemblablement, un autre chercheur du même groupe s'arrêterait sur la ligne appelante.

Le fonctionnement du relais LT_2R a pour effet de rompre le courant de l'électro d'embrayage P et de fermer le circuit de l'électro de blocage H comme suit : batterie de 48 volts, contact inférieur du ressort H, enroulement de l'électro de blocage H, contact inférieur du ressort F, contact de travail du relais LT_2R, contact supérieur du ressort B et la terre au relais de démarrage SCR. L'électro de blocage agit et arrête les balais du chercheur sur les broches de la ligne appelante. Le relais LT_2R ferme aussi le circuit de l'électro du combineur R en parallèle avec l'électro de blocage H ; *le combineur passe à la position 3* où il attend un chercheur secondaire. En passant par la position 2, le combineur ferme le circuit de la batterie de 48 volts à travers le relais de coupure COR, la broche et le balai G, le contact supérieur de I, les enroulements de 45 ohms et de 12 ohms de LT_1R, l'enroulement de 20 ohms de LT_2R, le contact inférieur de D et la terre. Le relais de coupure COR fonctionne, le relais de ligne LR n'est plus attiré ; les relais de démarrage CR reviennent au repos. Les armatures des relais CR en retombant ouvrent le circuit du relais SCR ; celui-ci interrompt les autres chercheurs primaires qui y sont reliés et qui s'étaient mis à tourner à la recherche de la ligne appelante. Le courant passant par le relais de coupure maintient attirés les deux relais de test LT_1R et LT_2R après l'ouverture du circuit des relais CR.

Le compteur de conversation qui est en parallèle avec le relais de coupure ne fonctionne pas, car il est réglé pour qu'il ne puisse opérer qu'avec un voltage double de la batterie.

Il convient de remarquer que les relais de démarrage CR et SCR sont prêts à fonctionner de nouveau dès qu'un relais de ligne d'une des lignes du groupe est actionné, ils actionneront d'autres électros d'embrayage P des chercheurs primaires dont les combineurs R sont dans la position 1. De plus on peut noter que le chercheur primaire qui rencontre le premier la ligne appelante s'arrête et arrête les autres chercheurs dans des positions quelconques jusqu'à ce qu'ils soient de nouveau mis en marche par l'action des relais de démarrage comme il a été expliqué.

2) Quand le combineur R est dans la position 3 le circuit de la batterie de 48 volts se trouve fermé au travers des enroulements des relais de ligne d'un groupe de sélecteurs de groupe primaires GLR, par le contact inférieur de N (combineur R.2.) ; le relais de garde GR, le contact supérieur du ressort F du combineur du chercheur primaire, le contact de travail du relais de test LT_2R, le contact inférieur de B et la terre, pourvu qu'il y ait au moins un chercheur secondaire de libre ; si ces derniers sont tous occupés, les combineurs des sélecteurs primaires R.2. n'étant plus dans la position 1, comme on le verra plus loin, il n'y aura aucun courant venant des contacts inférieurs des ressorts N ; par conséquent le relais GR ne sera pas actionné. La lampe de garde GL s'allumera alors indiquant que tous les chercheurs secondaires sont occupés, tandis que s'il y a un ou plusieurs chercheurs secondaires libres, le relais de garde GR est actionné et la lampe de garde GL ne s'allume pas.

Chaque relais GLR en opérant ferme le courant de la batterie au travers de l'électro d'embrayage du chercheur secondaire PF correspondant, le contact supérieur de C, le contact de repos du relais de test GT_1R, le contact de travail du relais GLR et la terre. Les électros d'embrayage des chercheurs secondaires libres d'un groupe de chercheurs secondaires fonctionnent et ces chercheurs tournent à la recherche du chercheur primaire qui se trouve déjà relié à la ligne de l'abonné appelant.

Quand le chercheur primaire est trouvé par l'un des chercheurs secondaires, le circuit de la batterie se ferme par le contact supérieur du ressort H du combineur du chercheur primaire, la résistance de 200 ohms, la broche et le balai H du chercheur secondaire, le contact supérieur du ressort F du sélecteur primaire, l'enroulement de 800 ohms du relais de test GT_1R, le contact inférieur du ressort G, le contact de repos du relais de blocage HOR et la terre d'un des contacts de repos du relais de rupture RR.

Le relais GT_1R attire son armature qui ferme le circuit de la batterie à travers la résistance de 7 ohms, l'enroulement de 15 ohms du relais de test GT_2R et la terre au contact supérieur du ressort S.

L'interrupteur F.INT. shunte le courant à la terre et empêche le relais GT_2R de fonctionner jusqu'à ce que les balais soient exactement en face des broches.

L'attraction de l'armature du relais GT_2R a pour effet d'interrompre le courant qui passait par l'électro d'embrayage PF et en même temps de fermer le circuit de la batterie à travers l'électro de blocage HF par le contact supérieur de D, et à travers l'électro d'embrayage du combineur du sélecteur primaire R.2., par le contact inférieur de E, le contact de travail du relais GT_2R, le contact de travail du relais GLR et la terre. L'électro de blocage arrête le chercheur secondaire sur les broches du chercheur primaire, tandis que *le combineur du sélecteur de groupes primaire R. 2. passe à la position 4*. Dans la position 4 du combineur R.2., la lampe d'appel CL s'allume, dans le circuit formé par le contact inférieur de 1 de R.2. et la terre du relais RR; elle indique à l'opératrice qu'un appel a eu lieu.

La lampe pilote HL est allumée dans le circuit formé par la batterie de 48 volts, la résistance de 120 ohms, le relais de sonnerie NA, le contact J de R.2. et la terre en D de RH.

3) Quand R.2. quitte la position 1, il ouvre le circuit des relais GLR et GR au contact inférieur de N ; l'armature du relais de garde GR retombe, mais le relais GLR reste attiré par le contact supérieur de B (sélecteur primaire), le contact inférieur de M (chercheur secondaire), la lampe de supervision S_2L et la batterie de 24 volts. La résistance de ce circuit ne permet pas à la lampe S_2L de s'allumer.

Le combineur R.2. en passant par la position 2 1/2, où se produit le contact du ressort supérieur de I (sélecteur primaire), ferme le circuit de la batterie de 48 volts à travers l'électro d'embrayage du combineur du chercheur secondaire R.1., le contact inférieur du ressort J (chercheur secondaire), le contact supérieur de I (sélecteur primaire) et la terre du relais RR.

Le combineur du chercheur secondaire R.1. passe à la position 3. — Dans cette position le courant de la batterie de 24 volts passe par les contacts supérieurs des ressorts F et D sur la ligne de l'abonné appelant et le relais de supervision S_2R fonctionne.

Quand le combineur R.1. atteint la position 2 un courant passe dans l'enroulement de 7 ohms du relais LT_2R de la façon suivante : batterie de 48 volts, relais de coupure COR, broche et balai C du chercheur primaire, contact supérieur de I, enroulements de 45 et de 12 ohms du relais LT_1R, enroulement de 7 ohms du relais LT_2R_1, broche et balai G du chercheur secondaire, contact supérieur du ressort C (chercheur secondaire), contact de repos du relais HOR et contact de repos et terre du relais RR. Ce courant a pour effet de neutraliser l'effet du courant passant dans l'enroulement de 20 ohms du relais LT_2R_1 car l'enroulement de 7 ohms est enroulé différentiellement par rapport à lui. L'armature du relais LT_2R en retombant ferme le circuit de la batterie de 48 volts à travers R, le contact supérieur du ressort G, le contact de repos du relais LT_2R, le contact inférieur du ressort B et la terre.

Le combineur du chercheur primaire R passe à la position 4. — Le circuit du relais LT_1R est ouvert au contact supérieur de I et le courant qui passait à travers le relais de coupure trouve un nouveau chemin à travers le contact supérieur de D, l'enroule-

2

ment de 20 ohms de LT_2R, le contact inférieur de E, l'enroulement de 7 ohms de LT_2R, la broche et le balai G du chercheur secondaire, etc..... comme il a été expliqué plus haut. L'armature du relais L_2TR est attirée à nouveau, ce qui ouvre le circuit de R. *Le combineur du chercheur primaire R s'arrête à la position 4 et y reste jusqu'à ce que l'opératrice rompe la communication.*

Lorsque R dépasse la position 3, il ouvre le circuit de tous les relais GR et GLR de tous les autres chercheurs secondaires qui s'étaient mis à tourner à la recherche du chercheur primaire. Les armatures de ces relais retombent, les circuits des électros d'embrayage PF sont ouverts au contact des relais GLR et tous les chercheurs secondaires s'arrêtent.

D'après la description précédente on pourrait croire qu'il s'écoule un intervalle de temps considérable entre le moment où les chercheurs secondaires commencent à tourner et le moment où les chercheurs secondaires s'arrêtent; en réalité, les opérations précédentes se font en 1/10 de seconde environ.

4) Quand R.2. dépasse la position 3, il ouvre le circuit du relais GT_1R dont l'armature retombe. Le courant de la batterie de 48 volts passe par l'électro d'embrayage du combineur choisisseur d'enregistreur R.3., le contact inférieur de L, le contact de repos de GT_2R, le contact de travail de GLR et la terre. Ce combineur se met à tourner à la recherche d'un enregistreur libre. Si les deux enregistreurs de la position d'opératrice principale sont occupés et si aucune des clés d'entr'aide n'est en usage, le combineur continue à tourner.

Supposons que l'enregistreur A soit libre. Un circuit part de la batterie par le contact S de RH, le contact de repos du relais LOR_3, le contact F de l'enregistreur B, le relais HA_1R, le contact E de l'enregistreur A, les enroulements de 380 ohms du relais HAR, le contact inférieur de E de R_3, le contact inférieur de F de R_2, l'enroulement de 800 ohms de GT_1R, et le contact inférieur de B de R_3 dans la position 1/2. Les relais HA_1R_1, HAR et GT_1R sont actionnés. Le contact de travail de droite du relais HAR donne la terre au travers du contact inférieur de

C au relais d'embrayage du combineur de l'enregistreur RHA, lequel passe à la position 6, à la condition que KTR ne soit pas relié à l'enregistreur B. S'il en était autrement, le combineur RHA s'arrêterait à la position 5 jusqu'au moment où l'armature du relais KTR, en retombant, mettrait à la terre, à travers le contact supérieur de M, l'enroulement de RHA, qui passerait à la position 6. *Le combineur d'enregistreur RHA reste à la position 6 jusqu'au moment où l'opératrice enfonce les clés.*

HA_1R ferme son contact de travail et relie la batterie directement à son enroulement, de sorte que si l'opératrice appuyait sur sa clé d'écoute et opérait LOR_3 avant que HAR ait fermé son contact de travail de gauche, HAR resterait attiré et pourrait laisser passer l'appel.

RHA en passant par les positions 2 à 4 ferme le circuit de la batterie par le contact supérieur de N au travers du relais CTR, qui ferme ses contacts et envoie un courant vibré dans le récepteur de l'opératrice, ainsi avertie de l'arrivée d'un appel.

L'armature du relais GT_1R ferme un circuit dérivé au travers de son enroulement de 15 ohms, son contact de travail, la résistance de 7 ohms, l'enroulement de GT_2R et le contact supérieur S de R.2. à la terre. Le relais GT_2R est actionné et rompt le circuit de R.3. à son contact de repos, ce qui a pour effet d'arrêter R.3. dans la position 1 pour l'enregistreur de la position principale. D'autre part, un circuit est fermé au travers de R.2. à travers le contact inférieur de E, le contact de travail de GT_2R et la terre du relais GLR. *Le combineur du sélecteur primaire R.2. passe à la position 6.*

R.2. étant à la position 6, le circuit du relais GT_1R est ouvert en F. Son armature retombe et ouvre le circuit de GT_2R dont l'armature retombe. HAR reste attiré parce qu'il retrouve la terre au travers du contact supérieur de G de R.2. et les contacts de repos des relais HOR et RR.

Le circuit du relais GLR est de nouveau ouvert au ressort B de R.2.

Le circuit de R.1. est fermé à travers le contact inférieur de J. de R.1. et le contact supérieur de I de R.2. à la terre du relais RR. *Le combineur du chercheur secondaire R.1. passe en position 4.*

La lampe d'appel CL est alors reliée à l'interrupteur d'éclairement FL_1 par le contact inférieur du ressort L ; elle se met à scintiller, ce qui indique à l'opératrice la paire de cordons à laquelle son poste se trouve relié.

Le poste d'opératrice se trouve aussi relié à la ligne appelante à travers les contacts de repos des relais CTR et LOR_1, les contacts inférieurs de Q et S de R.3. et les contacts inférieurs de D et F de R.1., de sorte que l'opératrice peut recevoir de l'abonné appelant l'indication du numéro de l'abonné demandé.

Les positions des combineurs sont les suivantes :

R	R.1.	R.2.	R.3.	RHA	R final
4	4	6	1	6	1

B. — L'OPÉRATRICE APPUIE SUR SES CLÉS

1) Pour avoir une idée plus nette du fonctionnement, supposons que le numéro de l'abonné appelé soit 1875. L'opératrice appuie sur les clés en commençant par celle de la rangée de gauche et dans l'ordre : 1, 8, 7, 5.

Ces clés restent enclanchées par leurs électro-aimants correspondants qui sont reliés à la batterie de 48 volts par le contact N du combineur de l'enregistreur RHA.

Une clé de dégagement WOK est prévue dans ce circuit, de sorte que si l'opératrice se trompe de clés elle peut les faire remonter et recommencer pourvu que les 4 clés n'aient pas été enfoncées.

Quand les clés sont enfoncées le circuit de la batterie est fermé à travers le relais de contrôle des clés KTR, le contact 1 des clés des milliers 1000 K, le contact 8 des clés des centaines 100 K, le contact 7 des clés des dizaines 10 K, le contact 5 des clés des unités U K, et la terre.

Le relais KTR attire son armature, ce qui a pour effet de faire tourner RHA *jusqu'à la position 8*, par le circuit comprenant le contact supérieur de B, le contact de travail de KTR et la terre.

RHA en passant par la position 7 relie la terre au combineur R_1 dans le circuit R_1, contact supérieur de I de R_1, contact inférieur N de R_3 et contact supérieur L de RHA.

R.1. passe à la position 6, ce qui déconnecte le poste d'opératrice à ses contacts D et F et relie la lampe de sonnerie RL à l'interrupteur d'éclairement FL_1 par le contact supérieur de L ; cette lampe scintille.

En même temps un circuit est fermé à travers le relais de con-MR, les enregistreurs R.1000, R.100, R.10, R.U., les contacts de repos des relais de coupure des enregistreurs NR, le contact inférieur de I et les contacts des 4 clés 1, 8, 7, 5, en série et la terre. Le relais MR attire son armature, ce qui empêche RHA d'aller plus loin que la position 8. Les enregistreurs R.1 000, etc..., qui sont dans une position quelconque, se mettent à tourner. Aussitôt qu'ils arrivent respectivement aux positions 1, 8, 7, 5, ils ferment un circuit à travers chaque relais de coupure NR, les ressorts 1, 8, 7, 5, des contacts des enregistreurs et des clés et la terre. Les relais NR sont actionnés de sorte que les enregistreurs s'arrêtent respectivement aux positions 1, 8, 7, 5. L'armature du relais MR retombe et donne la terre à RHA, à travers le contact inférieur de M.

RHA passe à la position 12. Le contact inférieur R de RHA étant fermé, la lampe 100 des centaines, indicatrice de l'avancement des connexions, s'allume. Les clés du clavier sont dégagées car leur circuit est ouvert au contact N, de sorte qu'elles peuvent resservir pour l'enregistreur B. Le relèvement des clés ouvre le circuit des relais KTR et NR dont les armatures retombent. Dans cette position l'enregistreur A est prêt à compter les impulsions.

2) Avant de décrire le fonctionnement du circuit du comptage des impulsions, il est nécessaire de montrer comment les sélecteurs de groupes primaires sont reliés aux sélecteurs de lignes.

Chaque rangée horizontale d'un sélecteur de groupes primaire correspond à un certain groupe de 200 lignes reliées au groupe des sélecteurs de lignes, comme il est montré plus loin.

Comme il y a 10 rangées horizontales sur le sélecteur de groupes primaire il y a donc 10 groupes de sélecteurs de lignes à 200 lignes, ce qui fait une capacité de 2000 lignes. Il y a 22 broches dans chaque rangée horizontale d'un sélecteur de groupes primaire, chacune reliée à un sélecteur de lignes du même groupe, de sorte qu'il peut y avoir au maximum 22 sélecteurs de lignes multiplés ensemble dans un groupe.

La correspondance d'un sélecteur de groupes primaire avec un sélecteur de lignes et l'arrangement des lignes dans un sélecteur de lignes sont montrés dans la table suivante où la numérotation du sélecteur de lignes correspond au 10e groupe de ces sélecteurs, c'est-à-dire de 1800 à 1999.

Sélecteur primaire.	Sélecteurs de lignes.	Lignes.	Rangées.	Centaines paires.	Centaines impaires.
1re rangée	1er gr.	0 — 199	1	1 800...1 809	1 900...1 909
3e —	2e —	200 — 399	2	1 810...1 819	1 910...1 910
5e —	3e —	400 — 599	3	1 820...1 829	1 920...1 929
7e —	4e —	600 — 799	4	1 830...1 839	1 930...1 939
9e —	5e —	800 — 999	5	1 840...1 849	1 940...1 949
2e —	6e —	1 000 — 1 199	6	1 850...1 859	1 950...1 959
4e —	7e	1 200 — 1 399	7	1 860...1 869	1 960...1 969
6e —	8e —	1 400 — 1 599	8	1 870...1 879	1 970...1 979
8e —	9e —	1 600 — 1 799	9	1 880...1 889	1 980...1 989
10e —	10e —	1 800 — 1 999	10	1 890...1 899	1 990...1 999

On peut voir d'après la table précédente qu'en choisissant une rangée d'un sélecteur de groupes primaire on se trouve en présence des centaines sans qu'une sélection des milliers soit nécessaire. Chaque sélecteur de lignes est divisé en centaines paires et impaires de sorte que, si le nombre choisi appartient à une centaine paire, un certain nombre d'impulsions seront envoyées correspondant au numéro de la centaine indiquée sur le clavier ; si le nombre appartient à une centaine impaire, la connexion de l'enregistreur aux relais de comptage est telle que 10 impulsions sont comptées en plus que s'il s'agissait d'une centaine paire. La traduction se trouve ainsi effectuée sur le sélecteur de lignes.

Pour relier une ligne appelante au numéro 1875 par exemple, il n'y aura que trois sélections :

1° 10e rangée horizontale du sélecteur de groupe primaire correspondant au 10e groupe de sélecteurs de lignes. Ceci revient à compter les centaines.

2° 8e rangée horizontale du sélecteur de lignes d'un sélecteur de lignes du 10e groupe. Ceci revient à compter les dizaines.

3° 6e broche de la centaine paire du sélecteur de lignes. Ceci revient à compter les unités.

Si la ligne appelée était 1975, la troisième sélection se ferait dans la centaine impaire, c'est-à-dire à la 16e broche de la 8e rangée.

3) En se reportant à nouveau au circuit, R.2. étant à la position 6 et RHA à la position 12, le circuit fondamental de transmission des impulsions est établi de la façon suivante : batterie de 48 volts, relais de ligne du sélecteur de groupes primaire GLR, contact inférieur de B de R.2., contact inférieur de H de R.3., relais de sélection SR, contact de repos du relais compteur TCR — 0 de 400 ohms, contact inférieur de D de RHA, terre. Les deux relais GLR et SR sont actionnés.

L'attraction de l'armature de SR relie le circuit de comptage à la terre par son contact de travail, le contact inférieur G de RHA, le contact 8 de G (R.100), le contact 1 de K (R.1 000), le contact de repos de TCR — 9, l'enroulement de SCR — et la batterie. Le relais SCR — 9 est le 10e relais correspondant à la 10e rangée horizontale du sélecteur de groupes primaire. L'attraction de l'armature du relais SCR ferme le circuit de la batterie à travers SCR — 9, TCR — 9, le contact de travail de SCR — 9 et le contact J et K de RHA. Le relais TCR — 9 n'est pas attiré car il est mis en court-circuit par la terre reliée au circuit de comptage, comme il a été expliqué précédemment au contact de SR. Il n'opérera que lorsque SR reviendra au repos.

L'attraction de l'armature de GLR ferme le circuit de la batterie à travers R.2., le contact inférieur de D de R.2., le contact de repos de GT_2R, le contact de travail de GLR et la terre.

R.2. passe à la position 7. Dans cette position l'électro du choisisseur de balais P.2. est actionné par le courant passant par le contact inférieur de O et le contact de travail de GLR. Le choisisseur de balais commence à tourner. A chaque pas l'interrupteur INT.2. relie le circuit fondamental à la terre par le contact supérieur de N de R.2. La mise à la terre de ce circuit met en court-circuit le relais SR qui revient au repos; le relais TCR — 9 est actionné et attire son armature. Ceci transfère la terre de SR, lorsque ce relais est de nouveau attiré, par le contact de travail de TCR — 9 au contact du repos de relais TCR — 8, et à l'enroulement de SCR — 8, qui attire son armature. Cette opération ferme le circuit de la batterie à travers TCR — 8 comme dans le cas de TCR — 9 expliqué précédemment, ce relais opérera lorsque le relais SR sera à nouveau mis en court-circuit par la deuxième mise à la terre de l'interrupteur INT.2. au 2e pas. De cette façon, à chaque mise en court-circuit de SR, une paire de relais compteurs se trouve éliminée et par conséquent lorsque 10 pas sont comptés par l'INT.2., 10 impulsions sont envoyées et 10 paires de relais compteurs éliminées.

Quand les derniers relais TCR — 0 (400 et 800 ohms) sont actionnés par la dernière mise à la terre de l'INT.2., le circuit fondamental se trouve ouvert au contact de repos du relais TCR — 0 de 400 ohms, de sorte que les relais SR et GLR reviennent au repos. Ce dernier occupe le courant dans P.2. qui s'arrête après avoir, par conséquent, placé le choisisseur de balais à la 10e rangée. En retombant, l'armature de GLR ferme le circuit de la batterie à travers R.2., le contact supérieur de E et la terre.

R.2. passe à la position 8. Le relais TCR — 0 de 800 ohms met RHA à la terre par l'intermédiaire de son contact de travail et du contact inférieur de B de RHA. *RHA passe à la position 11.* La lampe 10, indicatrice des dizaines, s'allume par le contact supérieur de S de RHA. L'enregistreur A est maintenant prêt à compter les dizaines. Lorsque RHA quitte la position 12 il ouvre le circuit de tous les relais de comptage aux contacts J et K de sorte que toutes les armatures de ces relais retombent.

R.2. à la position 8 ferme le circuit de la batterie à travers GLR, le contact supérieur de B de R.3., le contact supérieur de L de RHA et la terre.

Un courant passe par l'électro-aimant du sélecteur de groupes primaires PG, le contact inférieur de C de R.2, le contact de repos de GT_2R, le contact de travail de GLR et la terre ; ceci a pour effet de faire tourner le chariot à balais. Lorsque les balais passent devant le choisisseur, les balais de la dixième rangée sont déclanchés.

Le sélecteur en tournant cherche une ligne auxiliaire libre, c'est-à-dire une ligne reliée à un sélecteur de lignes libre dans le dixième groupe. Quand le sélecteur de lignes libre est trouvé, un courant passe de la batterie par le contact de L du sélecteur de lignes, le contact N, l'enroulement de 400/400 ohms de QR, la broche et le balai K, l'enroulement de 800 ohms de GT_1R, le contact inférieur de G de R.2., les contacts de repos de HOR et de RR et la terre. Les relais QR et GT_1R sont actionnés.

L'armature de GT_1R est attirée et le courant passe dans GT_2R. L'attraction de l'armature de ce relais coupe le circuit dans PG, et ferme un circuit à travers HG, par le contact inférieur de H, le contact de travail de GT_2R, le contact de travail de GLR et la terre.

L'électro de blocage HG arrête le chariot à balais sur les broches de la ligne auxiliaire allant au sélecteur de lignes libre.

Un courant dérivé passe également par R.2., le contact inférieur de E, le contact de travail de GT_2R et la terre de GLR, de sorte que *R.2. passe à la position 10* après avoir dépassé la position 9 car le circuit précédent est fermé au contact inférieur de E pour les positions 8 et 9.

4) R.2. à la position 10 ferme le circuit fondamental de la batterie de 48 volts à travers le relais de ligne du sélecteur de lignes FLR, le contact supérieur de H, la broche et balai J, le contact inférieur de P de R.2., le contact inférieur de K de R.3., le contact supérieurde D de RHA, le contact de repos de TCR — 0, le relais SR, le contact inférieur de H de R.3., le contact infé-

rieur de Q de R.2., le balai et la broche I, le contact supérieur de I du sélecteur de lignes et la terre.

Le relais SR attire son armature qui donne la terre au relais SCR — 7 par le contact inférieur de H de RHA, le contact M de R.100, le contact inférieur de J de R.10, le contact de repos du relais TCR — 7, le relais SCR — 7 attire son armature.

Le relais SCR — 7 correspond à la huitième rangée du sélecteur de lignes ; il ferme le circuit de la batterie à travers le relais TCR — 7 qui n'opérera que lorsque le relais SR coupera la terre à son armature. Le relais FLR, en attirant son armature, ferme le circuit de la batterie à travers R final, et le contact supérieur de C. *R final passe à la position 2.* Dans cette position l'électro du choisisseur de balais P.2. est relié à la batterie par le contact inférieur de B et la terre de l'armature FLR. Le choisisseur de balais commence à tourner ; à chaque pas l'interrupteur INT.2. relie le circuit fondamental à la terre à travers le contact supérieur de M et par conséquent met en court-circuit le relais SR dont l'armature retombe et élimine une paire de relais compteurs comme il a été expliqué précédemment. Le choisisseur de balais tournera de huit pas et éliminera les huit paires de relais compteurs. Lorsque le dernier relais TCR — 0 de 400 ohms est actionné, il coupe le circuit fondamental, les armatures des relais FLR et SR retombent et P.2. s'arrête de façon à déclancher les balais de la huitième rangée dès que le sélecteur de lignes se mettra à tourner.

Quand l'armature de FLR revient au repos, le courant se rétablit à travers R final par le contact inférieur de C. *R passe à la position 3.*

L'attraction de l'armature du relais TCR — 0 de 800 ohms ferme le courant de la batterie à travers *RHA qui passe à la position 16.* La lampe U des unités s'allume par le contact S de RHA, et indique que l'enregistreur est prêt à compter les unités. Quand RHA quitte la position 14, le circuit de blocage des relais compteurs est ouvert aux contacts J et K de RHA de sorte que tous ces relais reviennent au repos.

5) RHA à la position 16 ferme à nouveau le circuit fonda-

mental à travers les relais FLR et SR. SR attire son armature qui donne la terre au circuit des relais compteurs par le contact supérieur de H de RHA, le contact supérieur de J de R.100, le contact 5 de I, le contact de repos de TCR — 5 et le relais SCR — 5. Le sixième relais SCR — 5 qui correspond à la sixième broche de la centaine est attiré.

Si le numéro de l'abonné appelé avait été 1975 au lieu de 1875, il appartiendrait à une centaine impaire et dans ce cas le relais SR aurait donné la terre au contact de repos du relais TCR — 15 et au relais SCR — 15, par les contacts H, 9 de J de R — 100 et 5 de N de RU. Le seizième relais SCR — 15 qui correspond à la seizième broche de la centaine impaire aurait été attiré.

FLR en attirant son armature ferme le circuit de *R final qui passe à la position 4*. Dans cette position le circuit de la batterie se ferme à travers P.1., le contact supérieur de F et la terre de FLR.

Le chariot à balais commence à tourner ; en passant devant le choisisseur de balais, les balais de la huitième rangée sont déclanchés. Le chariot continue à tourner jusqu'à ce que les balais aient atteint les sixièmes broches. Pendant cette rotation, l'interrupteur du sélecteur de lignes INT.1. relie à chaque pas le circuit fondamental à la terre, et élimine ainsi une paire de relais compteurs, comme il a déjà été expliqué. Après les six pas, les six paires de relais sont éliminées.

Quand le dernier relais TCR — 0 de 400 ohms attire son armature, le circuit fondamental est ouvert et les armatures des deux relais SR et FLR reviennent au repos. L'armature du relais FLR en retombant ouvre le circuit de P.1. et ferme un circuit en dérivation sur H et R par le contact inférieur de C. Le relais de blocage H arrête P.1. sur les sixièmes broches ; *R passe à la position 10*.

Quand le relais TCR — 0 de 800 ohms est attiré, il ferme le circuit de *RHA qui passe à la position 1*. L'enregistreur A est de nouveau libre pour recevoir un autre appel.

Quand RHA dépasse la position 17, le circuit du relais GLR est ouvert au ressort L de RHA. GLR en revenant au repos ferme par le contact E le circuit de *R.2 qui passe à la position 12*. Ceci a pour effet de relier la batterie de 24 volts et le translateur par les ressorts P et Q de R.2., les balais I et J, contact supérieur de O et le contact inférieur de I à la résistance de 600 ohms.

Le relais de supervision S_1R qui se trouve dans ce circuit attire son armature ; la terre est ainsi reliée par le contact J à *R.1 qui passe par la position 8 sans s'y arrêter et qui continue sa marche jusqu'à la position 10*, comme il sera expliqué plus loin au paragraphe 6 : « La ligne demandée est libre ».

Quand R du sélecteur de lignes quitte la position 4, l'enroulement de 4 000 ohms du relais QR se trouve placé en série avec les relais GT_1R et GT_2R qui reviennent au repos. QR restera attiré jusqu'au moment où R.2 dépassera la position 12 et ouvrira le circuit au contact inférieur de G de R.2.

C'est dans cette condition que se trouvera le troisième fil pendant la conversation.

Le signal d'occupation est donc réalisé par le fait que le potentiel sur les broches multipliées correspondant à ce troisième fil, est insuffisant pour assurer le fonctionnement d'un autre relais de test GT_1R et par conséquent empêche l'arrêt d'un sélecteur de groupes primaire sur ces broches.

La ligne demandée est libre.

6) Quand le combineur R du sélecteur de lignes passe de la position 4 à la position 10, il passe par la position 7 où la ligne demandée est essayée, c'est-à-dire que la terre se trouve reliée au balai C en passant par le contact G et l'enroulement de 1 500 ohms de FT_1R.

Si la ligne est libre, le courant de la batterie passant à travers le relais de coupure COR et le relais FT_1R a pour effet d'attirer l'armature de ce dernier relais. Une dérivation du courant traverse son enroulement de 50 ohms par le relais FT_2R et aboutit à la terre par le contact de droite du relais QR. Le relais FT_2R attire son armature ; quand le combineur arrive à la position 10, un courant se ferme dans R par le contact inférieur de E, le contact de travail de FT_2R et la terre du relais FLR. *R passe par la position 11 et s'arrête à la position 12.*

A la position 12, le courant d'appel est envoyé à travers le relais RGR, le contact J, le balai et la broche B, la ligne et le poste demandés, avec retour par la broche et le balai A, le contact K et la terre.

Lorsque R dépasse la position 11, le circuit à travers le relais de supervision S_2R se trouve ouvert aux contacts C et 1 du sélecteur de lignes. Ce relais laisse retomber son armature qui ferme le courant à travers R.1., le contact supérieur de B et la terre du relais S_2R. On voit donc bien que, comme il a été dit précédemment, R.1. ne reste pas à la position 8 et qu'il passe à la position 10. Dans cette position, la lampe de contrôle d'appel RL s'allume à travers le contact K et la terre de S_2R, ce qui indique à l'opératrice que l'appel se fait sur la ligne de l'abonné demandé.

R final étant à la position 11, le courant de la batterie se ferme à travers P.2. par le contact B et la terre de l'interrupteur INT.2. de sorte que le choisisseur de balais P.2. revient à sa position normale.

Les positions des combineurs sont donc les suivantes :

R	R.1	R.2	R final.
4	10	12	12

C. — L'ABONNÉ APPELÉ RÉPOND

Quand l'abonné appelé répond en décrochant son récepteur, le relais RGR attire son armature, ce qui ferme le courant de la batterie à travers R final par le contact supérieur de E. *R final passe à la position 13.* Le contact inférieur de J est ouvert, ce qui fait retomber l'armature de RGR et, les contacts supérieurs de J et K étant fermés, la ligne est parcourue par le courant passant par le translateur et par le relais de supervision S_2R. S_2R attire son armature, ce qui donne la terre à R.1 à travers le contact J. *R.1 passe à la position 15.*

L'abonné appelant et l'abonné appelé peuvent communiquer entre eux.

Les positions des combineurs pendant la conversation sont les suivantes :

R	R.1.	R.2.	R final.
4	15	12	13

D. — LES ABONNÉS RACCROCHENT LEURS RÉCEPTEURS

Quand les abonnés raccrochent leurs récepteurs, les relais de supervision S_1R et S_2R laissent retomber leurs armatures, ce qui a pour effet d'allumer les lampes de supervision S_1L et S_2L. Aucun autre changement ne s'opère jusqu'au moment où l'opératrice rompt la connexion.

E. — L'OPÉRATRICE ROMPT LA CONNEXION

L'opératrice, voyant les lampes de supervision s'allumer, appuie sur sa clé de rupture RK. Un courant passe par l'enroulement de 500 ohms de gauche du relais RR, la clé RK, le contact inférieur de H de R.1., les contacts de repos de S_1R et de HOR, et la terre du relais RR.

Ce dernier relais se bloque par son enroulement de 500 ohms de droite, par le contact H de R.2. et par son propre contact de droite.

Un courant passe par R.2. le contact de travail de RR et le contact supérieur de M à la terre. *R.2. passe à la position 13.* Dans cette position la terre du circuit du relais LT_2R est supprimée en M de R.2. LT_2R laisse retomber son armature, ce qui ferme le circuit de R du chercheur primaire pour le contact supérieur de G, le contact de repos de LT_2R, le contact inférieur de B et la terre. *R retourne à sa position normale.*

R.2. en position 13 ferme un circuit à travers R.1., contact inférieur de B de R.1., contact supérieur de K de R.2., contact supérieur de repos de HOR et la terre. *R.1. retourne à sa position normale.*

Lorsque R et R.1., qui étaient respectivement dans les positions 4 et 15, retournent vers leurs positions normales, ils atteignent en même temps, après avoir franchi une seule position, respectivement les positions 5 et 16. Le compteur de conversation est alors actionné de la façon suivante : batterie de 48 volts, compteur SM, broche et contact C du chercheur primaire, résistance de 50 ohms, contact supérieur de D, enroulement de 20 ohms de LT_2R, contact inférieur de E, enroulement de 7 ohms de LT_2R, broche et balai G du chercheur secondaire, contact inférieur de C de R.1., contact de repos de MHR, clé CMHK et une autre batterie de 48 volts en série avec la première.

Quand R.2. passe à la position 16, il ferme un circuit à travers GLR, le contact supérieur de B de R.2. et le contact inférieur de M de R.1.

GLR attire son armature qui donne la terre à R.2. par le contact de repos de GT_2R et le contact D de R.2. *R.2. passe à la position 17*. Dans cette position un circuit est fermé pour PG, par le contact de repos de GT_2R et le contact de travail de GLR. PG fait tourner le sélecteur de groupes primaire jusqu'à sa position de repos. Dans cette position un circuit est fermé à travers HG par le contact supérieur de H, le contact normal de l'interrupteur G, le relais GT_2R et la terre au contact S.

GT_2R en attirant son armature ouvre le circuit de PG, de sorte que HG maintient le sélecteur de groupes primaire dans sa position normale. En même temps un circuit est fermé pour R.2. à travers le contact inférieur de E, les contacts de travail de GT_2R et de GLR et la terre. *R.2. passe à la position 18* et y reste jusqu'au moment où l'opératrice le remettra en action par son combineur de distribution RH, comme il sera expliqué plus loin.

Dans cette position GLR et RR ne sont plus attirés. Le circuit de la batterie se ferme à travers P.2. de R.2. le contact supérieur de C et INT.2., ce qui fait revenir le choisisseur de balais P.2. à sa position normale.

R.2. à la position 13 ouvre le circuit de QR au contact G de R.2. L'armature de droite de QR en retombant donne la terre à R final par l'intermédiaire du contact supérieur de D. *R final passe à la position 15.*

Le combineur du sélecteur de ligne resterait dans cette position si l'abonné appelé n'avait pas raccroché son récepteur, car un courant passant à travers FLR, le contact inférieur de H, le contact J, le poste de l'abonné, le contact K et la terre de I attirerait l'armature de FLR et empêcherait ainsi R final de progresser.

Si le récepteur n'est pas resté décroché, l'armature de FLR n'est pas attirée et *R final passe à la position 18*, le courant qui l'actionne traversant le contact inférieur de C et la terre de FLR. Dans cette position, les relais FT_1R et FT_2R étant ouverts en G et P ne sont plus en circuit.

P.1. est alors relié à la terre par l'intermédiaire du contact inférieur de F et des contacts de repos de FT_2R et de FLR.

Le chariot à balais se met à tourner et revient à sa position normale. Dans cette position le contact de position normale est relié à la terre par l'intermédiaire de l'INT.1. ce qui fait passer un courant par le relais FLR, le contact inférieur de M et la terre. L'attraction de l'armature de FLR coupe le circuit de P.1. et ferme un circuit en dérivation sur R et H par l'intermédiaire du contact supérieur de C. L'électro-aimant de blocage H arrête le chariot à balais P.1. dans sa position normale. En même temps *R final passe à sa position normale*. Le circuit de FLR se trouve ouvert en H.

Il est bon de noter que R.2. à la position 13 libère les balais du sélecteur de groupes primaire de toute connexion avec le sélecteur de lignes, de sorte que ce sélecteur peut être choisi à nouveau avant même que le sélecteur primaire soit revenu dans sa position normale.

F. — LA LIGNE DEMANDÉE EST OCCUPÉE

En revenant au paragraphe B — 6, où l'opération de la recherche de la ligne demandée a été décrite, quand le combineur R du sélecteur de ligne atteint la position 7, la ligne demandée est essayée ; si cette ligne est occupée, les deux relais de test FT_1R et FT_2R ne sont pas actionnés. *R final continue à tourner jusqu'à sa position 10.*

Dans cette position le circuit à travers S_2R est établi comme il a été expliqué précédemment et *R.1 passe à la position 8*. Le signal d'occupation est transmis à l'abonné appelant au travers des contacts E et G de R.1., et l'opératrice est avertie par le scintillement de la lampe S_2L provoqué par le contact M et l'interrupteur FL_2.

R final étant à la position 10, P.1. est actionné à travers le contact inférieur de F, les contacts de repos de FT_2R et de FLR et la terre. P.1. retourne à sa position normale, l'interrupteur INT.1. met le contact de repos de P.1. à la terre de sorte que le relais FLR est actionné à travers le contact M et cette terre. *R final passe à la position 11*, ce qui fait retomber l'armature de FLR. R reste en position 11 jusqu'au moment où la communication est coupée par l'opératrice.

Les positions des combineurs sont :

R	R.1.	R.2.	R (final).
4	8	12	11

G. — L'OPÉRATRICE COUPE LA COMMUNICATION

L'opératrice appuie sur la clé RK, ce qui actionne le relais RR comme précédemment, et *R.3. passe à la position 13*. Dans cette position le sélecteur primaire est déconnecté du sélecteur de lignes aux contacts P et Q de R.2.; S_2R ne recevant plus de courant laisse retomber son armature. Ceci a pour effet de faire passer *R.1. à la position 9 et de là, à la position 1*, le courant qui l'actionne restant établi par le contact inférieur de B de R.1., le iconact supérieur K de R.2. et la terre de HOR.

R. 2. à la position 13 coupe la terre de LT_2R comme précédemment au contact M. de R.2.

Le relais LT_2R laisse retomber son armature, ce qui fait passer *R à la position 1.*

R qui était à la position 4 dépasse la position 5 avant que R.1. qui était à la position 8 atteigne la position 16, de sorte que la ligne de l'abonné appelant est déconnectée du chercheur secondaire; par conséquent le compteur de conversation n'est pas actionné.

R. 2. à la position 13 ouvre le circuit de QR comme dans le cas d'une ligne libre, ce qui fait tourner *R final jusqu'à la position 18*. FLR attire à nouveau son armature, le courant se trouvant rétabli en M par le contact de repos de INT.1., de sorte que *B retourne à sa position normale* dans laquelle FLR, ayant son circuit ouvert, laisse retomber son armature.

H. — L'ABONNÉ DEMANDÉ NE RÉPOND PAS

Si l'abonné demandé ne répond pas, l'opératrice appuie sur sa clé d'écoute LK et en informe l'abonné appelant. Quand cet abonné raccroche son récepteur, l'armature de S_1R retombe et S_1R s'allume au travers du contact H de R.1., et des contacts de repos de S_1R, de HOR et de RR, ce qui indique à l'opératrice qu'elle peut rompre la connexion. L'opératrice appuie sur sa clé RK, ce qui rompt la communication sans compter une conversation, comme dans le cas d'une ligne occupée, car R, qui était en position 4, atteint et dépasse la position 5 avant que R.1., qui était en position 10, atteigne la position 16.

I. — DISTRIBUTION DES CIRCUITS DE CONNEXIONS

1) Le circuit de connexion comprend le chercheur secondaire et le sélecteur primaire, c'est dans cette partie du circuit que l'opératrice se trouve reliée à l'abonné. Il est donc intéressant de décrire comment les circuits de connexions sont distribués par rapport aux circuits des lignes d'abonnés et des positions d'opératrices.

La capacité d'un arc de chercheur primaire est de 60 lignes d'abonnés. Le nombre des chercheurs primaires nécessaires par groupe de 60 lignes varie avec le nombre d'appels émis, avec la durée des conversations, avec la qualité du service à rendre et, en particulier, avec le nombre de sélections à faire, qui est différent suivant qu'il s'agit d'un ou de plusieurs bureaux.

La capacité d'un chercheur secondaire est aussi de 60 lignes, et chacune de ces lignes étant reliée à un chercheur primaire, il en résulte que chaque groupe de chercheurs secondaires dessert 60 chercheurs primaires. Le nombre total des chercheurs secondaires nécessaire au service de 60 chercheurs primaires sera moindre que 60, car les chercheurs secondaires reçoivent un plus grand nombre d'appels et sont par conséquent d'un meilleur rendement.

Le nombre de circuits de connexions par position d'opératrice varie avec la charge de l'opératrice. Ces circuits sont distribués sur les positions d'opératrice de la manière décrite plus loin, ce qui permet une réduction du nombre des opérations correspondant à la réduction du trafic.

Chaque groupe de chercheurs secondaires est divisé en sous-groupes de 3 chacun. Chaque sous-groupe d'un groupe principal correspond à des positions d'opératrices différentes ; de cette façon il est possible de placer le trafic du bureau complet devant chaque groupe d'une, deux ou trois opératrices, de sorte qu'après l'heure la plus chargée il est possible de supprimer des opératrices à volonté, tout en satisfaisant au trafic décroissant. Chaque fois qu'un groupe d'opératrices est supprimé, une réduction correspondante a lieu automatiquement dans tous les groupes principaux des circuits de connexions.

Par exemple, en supposant qu'il y ait 3 groupes principaux de chercheurs secondaires, chaque groupe ayant 21 chercheurs secondaires, il y aura 7 sous-groupes de 3 par groupe principal. Supposons qu'il y ait 3 opératrices repliées à une partie de ces circuits de connexions.

Les premiers, deuxièmes et troisièmes sous-groupes de chaque groupe principal sont reliés à la première position d'opératrice, les quatrièmes et cinquièmes sous-groupes à la deuxième position et les sixièmes et septièmes sous-groupes à la troisième, de sorte que si deux opératrices quelconques sont supprimées, l'opératrice restant est reliée aux 3 groupes principaux des circuits de connexions et peut recevoir les appels d'une ligne quelconque.

2) Chaque position d'opératrice est munie d'un combineur de distribution RH, qui commande les circuits de connexions : aussitôt que l'opératrice enfonce sa fiche de poste, le premier circuit de connexion de chaque sous-groupe relié à cette position est mis en service. Dès qu'un appel arrive il n'y a que les chercheurs secondaires correspondants qui recherchent le chercheur primaire. Dans l'exemple précédent, si l'appel arrive au premier groupe et s'il n'y a que la première opératrice qui ait enfoncé sa fiche de poste, il n'y a que les 3 premiers chercheurs secondaires des 3 premiers sous-groupes qui cherchent le chercheur primaire arrêté sur la ligne appelante. De plus, chaque sous-groupe de 3 est câblé de telle façon qu'après que le premier de chaque sous-groupe est relié à la ligne, le deuxième est mis en service, et après le deuxième, le troisième, puis le premier, et ainsi de suite, de sorte que les 3 chercheurs secondaires sont mis en service consécutivement.

Le circuit de distribution est arrangé de manière que si, une position d'opératrice n'étant plus occupée, la fiche de poste est enlevée, tous les circuits de connexions correspondant à cette position sont retirés du service.

3) Le mode de reliement entre eux des circuits de connexions d'un sous-groupe est montré sur le croquis au dessin en-dessous du sélecteur de ligne. Supposons en premier lieu qu'une opératrice prenne une position libre.

L'insertion de la fiche de l'opératrice ferme le contact inférieur de TJ (voir milieu du dessin) ce qui a pour effet de faire passer RH de la position 16 à la position 1. (On verra plus tard que RH est toujours en position 16 quand la position d'opératrice n'est pas occupée). En passant par les positions 17 et 18 (voir croquis de droite), RH ferme un circuit pour les relais RR de tous les premiers circuits de connexions de chaque sous-groupe par le contact C de RH, chaque relais RR en opérant fait passer le R.2. correspondant de la position 18 à la position 1, car le circuit de R.2. est fermé par le contact de travail de RR et la terre du contact M de R.2. (Le contact C en question est pour le premier circuit de connexion. D'autres contacts similaires sont prévus pour les relais RH des autres circuits de connexions.) Les secondaires sont mis en service et se mettent à chercher quand un chercheur primaire a trouvé une ligne appelante. Aussitôt que R.2. d'un des sous-groupes est relié à une ligne et passe de la position 1 à la position 2, le deuxième circuit de connexion de ce sous-groupe est mis en service par le circuit suivant : terre contact D de RH, J de R.2. du premier circuit de connexion, contact R et relais RR et batterie du deuxième circuit de connexion. Le relais RR est actionné de sorte que R.2. de ce deuxième circuit de connexion passe de la position 16 à la position 1. Lorsque le deuxième circuit de connexion est occupé à son tour, le troisième circuit est mis en service de la même façon, et quand il est lui-même occupé c'est le premier qui revient en service, etc.

Il est bon de noter que le contact C de RH est employé seulement pour la mise en service du premier circuit de connexion, lorsque la fiche d'opératrice est insérée en TJ. La terre pour les mises en service subséquentes des circuits de connexions est fournie par le contact D, qui reste fermé pendant toute la durée de l'insertion de la fiche de poste d'opératrice puisque RH est passé à la position 1.

4) Quand la fiche d'un poste d'opératrice est retirée, le contact supérieur de TJ est établi, ce qui a pour effet de faire tourner RH jusqu'à la position 16. En passant par la position 3, la terre est reliée au contact F de RH et de là aux combineurs R.2. de tous les circuits de connexions reliés à la position à travers le contact D de R.2. *R.2 passe à la position 2.* Dans cette position, le relais GLR est actionné à travers le contact de R.2., M de R.1. et S_2L. Le relais RR est actionné à son tour à travers le contact L de R.2., le contact de repos de GT_2R et la terre du contact de travail de GLR, il reste attiré par son enroulement de droite jusqu'au moment où R.2. dépasse la position 17.

Quand RR attire son armature, *R.2. passe à la position 4*, son circuit étant fermé à travers le contact de travail de gauche de RR et le ressort M de R.2.

R.3. est actionné à son tour à travers le contact L de R.2., le contact de repos de GT_2R et le contact de travail de GLR. R.3. tourne et en passant par la position 13 ferme un circuit à travers R.2. par le contact supérieur B de R.3., le contact M de R.2. et le contact de travail de RR.

R.2. passe à la position 6. Dans cette position, la terre est reliée à R.2. par le contact M de R.2., de sorte que *R.2. passe à la position 13.*

Dans cette position, GLR, dont l'armature est retombée à la position 6 de R.2., mais a été attirée de nouveau à la position 8, rend la terre à R.2. par l'intermédiaire de son contact de travail, du contact de repos de GT_2R et du contact D de R.2.; *R.2. passe à la position 17.* Le relais GT_2R est actionné dans le circuit suivant : batterie de 48 volts, électro de blocage HG, contact H, contact de repos de l'interrupteur G INT., GT_2R, contact S de R.2. à la terre.

L'armature de GT_2R ferme le circuit de R.2 à travers le contact E de R.2., les contacts de travail de GT_2R et de GLR et la terre. *R.2. passe à la position 18.*

Dans cette position, tous les circuits de connexions reliés à la position sont mis hors service. S'il y a quelques circuits qui étaient déjà occupés, ils sont mis hors service au fur et à mesure qu'ils deviennent libres.

L'ouverture du contact S de RH met hors service les enregistreurs de la position.

J. — OPÉRATIONS DU RELAIS DE BLOCAGE

Le circuit de blocage est utilisé chaque fois que pour une raison quelconque un sélecteur ne fonctionne pas bien. Le circuit est disposé de façon à libérer les abonnés, mais non à maintenir les sélecteurs dans leurs positions fautives, ce qui évite l'utilisation de ces sélecteurs pour d'autres connexions avant qu'ils aient été visités et réparés s'il y a lieu.

Il est évident qu'un sélecteur défectueux ne peut être découvert après la rupture d'une connexion que s'il est maintenu en place, car on ne peut savoir, après la fin de conversation et le retour en repos, quels sélecteurs sont intervenus dans l'établissement de la connexion.

Pour actionner le relais de blocage HOR, la clé de blocage commune CHOR et la clé d'écoute LK du circuit de connexion doivent être abaissées simultanément.

HOR est actionné et se bloque par son contact de travail, le circuit comprenant une lampe HOL placée à la portée de la vue de l'électricien du bureau, l'enroulement de HOR et la terre du relais RR. La mise en action du relais HOR supprime à travers GT_1R la terre du troisième fil G du chercheur primaire et du troisième fil H du sélecteur final.

La suppression de la terre a pour effet de laisser retomber l'armature du relais LT_2R et *de faire passer R à la position 6* où il reste, car dans cette position un circuit partant de la batterie 24 volts, est fermé par l'enroulement du translateur, le relais S_1R, le contact D de R.1. le balais F, le contact E de R, l'enroulement de 20 ohms de LT_2R, le contact D de R et la terre; l'armature du relais LT_2R est donc attirée et empêche R de dépasser la position 6.

Le relais S_1R est actionné de sorte que la lampe de supervision S_1L s'éteint.

Quand R dépasse la position 5, COR est libéré, LR qui est relié à un groupe de chercheurs primaires est de nouveau relié à la ligne d'abonné et attire son armature ; la ligne est alors cherchée par un autre chercheur primaire. Le circuit de connexion est ouvert aux contacts J et K de R, de sorte que, pendant que les balais du chercheur primaire restent sur les broches de la ligne d'abonné, il n'y a plus de liaison électrique entre le chercheur primaire et cette ligne.

La clé de blocage peut être abaissée à n'importe quel moment après l'appel d'un abonné, mais pour bien fixer les idées on peut supposer qu'elle a été abaissée pendant que les impulsions des dizaines étaient transmises.

Dans ce cas les positions des combineurs étaient les suivantes :

R	R.1.	R.2.	RHA	R final
4	6	10	14	2

La mise en action de HOR fait passer R à la position 6 comme il a été expliqué précédemment.

L'armature de HOR ferme aussi un circuit à travers l'enroulement inférieur de droite du translateur, le relais de supervision S_2R, le contact P de R.2., l'armature de HOR et la terre.

S_2R attire son armature et *R.1., passe à la position 8.* Dans cette position un nouveau circuit est fermé par le contact inférieur de J de R.1. I de R.2. et la terre du relais RR. *R.1. passe à la position 10*; le courant se referme à travers R.1. le contact supérieur de J, l'armature et la terre de S_2R.

R.1. passe à la position 15 et y demeure jusqu'au moment où il est libéré.

R.1. à la position 8 ouvre le circuit de GLR au contact I de R.1. L'armature du relais revient au repos. La terre du contact de repos de l'armature de GLR est reliée à R.2. par l'intermédiaire de E de R.2.

R.2. passe à la position 12 et y demeure jusqu'au moment où il est libéré.

L'opération de HOR coupe la terre du relais HAR qui était

maintenu grâce à la terre du contact de repos de HOR dans le circuit suivant, batterie, résistance de 2000 ohms de HAR, contact de travail de HAR, contact 0 de RHA, enroulements de 380/380 ohms, contact E de R.3., relais MHR, contact inférieur de K de R.2. et terre de HOR.

Les armatures de HAR retombent; celle de droite donne la terre à RHA à travers le contact C de RHA. *RHA passe à la position 16 puis à la position 18 et à la position 1.*

Quand RHA dépasse la position 14, il ouvre le circuit de FLR à son contact D. L'armature de FLR retombe et ferme un circuit par le contact inférieur de C pour le *R du sélecteur final qui passe à la position 3.* Quand RHA est à la position 16 il ferme le circuit de FLR à son contact D ce qui ferme un circuit par le contact supérieur de C pour *R final qui passe à la position 4* jusqu'au moment où l'opératrice le libérera. FLR reste toujours attiré et ferme un contact pour P.1. qui se met à tourner d'une façon continue.

Si la clé de blocage avait été actionnée un peu plus tard, lorsque R final était à la disposition 4, il aurait continué à tourner jusqu'en 16, comme on peut le voir d'après ce qui suit : Quand R.2. dépasse la position 10 il ouvre à son contact P le circuit de FLR dont l'armature retombe, ce qui a pour effet de faire passer *R final à la position 10.* Dans cette position FLR attire de nouveau son armature dans le circuit fermé par le contact M et le contact de repos de l'interrupteur INT.1.

R final passe à la position 11, ce qui fait retomber l'armature de FLR. R final est de nouveau actionné à travers le contact D car QR a laissé retomber son armature lorsque la terre du troisième conducteur a été supprimée par l'attraction du relais HOR.

R final passe à la position 15 et de là à la position 16, car dans la position 15 il est encore actionné à travers le contact C et la terre de FLR. A la position 16, FLR est de nouveau actionné à travers le contact H de R final, le balai J, le contact supérieur de P de R.2. et la terre de HOR, ce qui empêche R final de dépasser la position 16 jusqu'au moment où l'opératrice libérera la connexion.

Les positions régulières pour une connexion bloquée sont donc les suivantes :

R.	R.1.	R.2.	RHA	R final
6	15	12	1	4 ou 16

Après avoir découvert et corrigé le dérangement, l'électricien demande à l'opératrice de libérer le circuit de connexion bloqué. L'opératrice appuie en premier lieu sur la clé BK et ensuite sur CRK simultanément. Les relais RR et CRR sont actionnés. RR coupe la terre du circuit de collage de HOR dont les armatures retombent. L'attraction de l'armature de CRR ouvre la terre à CRK et empêche la libération d'autres circuits de connexion qui sont reliés à cette clé commune de déconnexion. L'attraction de l'armature de RR fait passer *R.2. à la position 13.* Un circuit se trouve fermé pour R.1. par les contacts B de R.1. et K de R.c. et la terre de HOR. *R.1. revient à sa position normale.* Quand R.1. quitte la position 15 il ouvre le circuit de LT_2R au ressort D de R.1., l'armature de ce relais retombe et ferme un circuit pour *R qui revient à sa position normale.*

La libération de R.2. et de R final se fait de la même façon que pour une connexion régulière.

B. — OPÉRATION DES CLÉS D'ENTR'AIDE

1) Comme il a été dit précédemment, chaque position d'opératrice est pourvue de deux enregistreurs A et B. Le circuit de l'enregistreur A de la position principale est seul montré en détail. Les enregistreurs B sont connectés de la même façon que les enregistreurs A ; les changements de connexion seuls sont montrés sur le dessin. Chacun des enregistreurs A est muni de deux relais d'entr'aide A_1R et A_2R ; les enregistreurs B sont pourvus de relais B_1R et B_2R, et chaque position est pourvue de deux clés d'entr'aide N_1CK et N_2CK reliées aux relais ci-dessus. Les relais et clés d'entr'aide montrés sur le dessin sont ceux qui

appartiennent aux positions adjacentes de gauche et de droite, ceux de la position principale ne sont pas montrés. En employant ces clés, chaque position voisine peut prendre les appels de la position principale. Chaque position peut être une position soit principale, soit gauche, soit droite, selon la façon dont elle est reliée au circuit de connexion employé.

2) Le choisisseur d'enregistreur R.3. de chaque circuit de connexion a six positions principales.

Dans chaque position le circuit de connexion est relié à un enregistreur différent comme expliqué ci-après :

Position 1.	Enregistreur A.	Position principale.
— 2.	— B.	Id.
— 3.	Enregistreur A.	Position voisine de gauche.
— 4.	— B.	Id.
— 5.	Enregistreur A.	Position voisine de droite.
— 6.	— B.	Id.

Comme il a été dit ci-dessus, R.3., une fois mis en mouvement, tourne jusqu'au moment où il rencontre un enregistreur libre. Cette condition est remplie lorsqu'un potentiel est appliqué sur l'un des six contacts des ressorts C, D ou E de R.3. Le circuit est arrangé de façon que le potentiel ne peut exister que sur un seul contact à la fois. De plus l'ordre de sélection des combineurs se fait toujours dans l'ordre ci-dessus, c'est-à-dire que si les six enregistreurs sont au repos, un appel arrivera toujours à l'enregistreur A de la position principale et, si cet enregistreur est occupé, à l'enregistreur B de la même position. La position de gauche a ensuite la préférence sur celle de droite de sorte que si les deux positions voisines ont leurs clés d'entr'aide abaissées l'appel arrivera à la position de gauche. La position de droite peut recevoir les appels si celle de gauche a ses deux enregistreurs occupés ou si la clé d'entr'aide n'est pas abaissée à cette position.

Le potentiel appliqué au contact E de R.3. y est amené à travers l'enroulement 380/380 ohms de HAR, le contact E de RHA, HA_1R, le contact F de RHB, le contact de repos de gauche de LOR_3 et le contact S de RH. Si l'enregistreur A est occupé, RHA, dès qu'il dépasse la position 8, ferme pour HBR un circuit partant de la batterie par le contact de repos de droite de LOR_3, le contact F de RHA, HB_1R, le contact N de RHB, les enroulements 380/380 ohms de HBR, le contact D de R.3., F de R.2., GT_1R et la position 1 1/2 du contact B de R.3. Les trois relais HBR, HB_1R et GT_1R attirent leurs armatures. HB_1R se bloque de sorte que HBR peut rester attiré après que l'enregistreur A a dépassé la position 18, et que, par conséquent, le circuit précédent est rompu au ressort F de RHA.

La mise en action de HBR fait passer RHB à la position 6, car le relais KTR de l'enregistreur B étant au repos, RHB atteint la position 5 et continue à tourner jusqu'à la position 6 grâce au contact M de l'enregistreur B, relié à la position 5, à la terre de KTR. L'appel est alors reçu par l'enregistreur comme il a été expliqué précédemment.

Quand l'opératrice de la position principale est occupée, c'est-à-dire lorsqu'elle se prépare à enfoncer les clés numérotées, ou lorsqu'elle parle sur un circuit de connexion par l'intermédiaire de la clé d'écoute correspondante ou lorsque les deux enregistreurs sont occupés, l'appel est reçu par l'une des deux positions voisines.

Quand une clé d'écoute est abaissée, un circuit est fermé de la terre à travers HOR, LK, LOR_1 et LOR_3 à la batterie. LOR_1 attire son armature et relie l'opératrice à l'abonné appelant ; en même temps les contacts de repos étant ouverts, d'autres appels ne peuvent arriver à l'opératrice. LOR_3 attire son armature et ouvre le circuit de HAR de sorte que l'enregistreur A ne peut pas recevoir d'appels puisqu'il supprime le potentiel sur le ressort E de R.3. La mise en action de LOR_3 supprime la batterie de son contact de repos de droite, empêche l'enregistreur B de recevoir les appels et ferme le circuit du relais LOR_2. La mise en action de ce relais relie par un fil commun la terre aux contacts de la clé N_1CK de gauche, et de là au contact de la clé N_2CK de droite. Si la clé LK n'était pas abaissée, mais si les deux enregistreurs A et B étaient occupés, la terre serait reliée aux clés par les contacts P des enregistreurs A et B.

Quand les clés N_1CK et N_2CK sont abaissées, les relais A_1R et B_1R qui leur sont associés peuvent être actionnés.

Supposons que A_1R soit actionné, un circuit est fermé de la batterie à travers le contact de repos de HB_1R de l'enregistreur B de la position de gauche, le contact F de RN_1B, HA_1R, le contact E de RN_1A, N_1AR, le contact de travail de A_1R, le contact C de R.3., etc... comme précédemment. Si le choisisseur d'enregistreur R.3. tourne à ce moment, il s'arrêtera à la position 3. N_1AR attirera son armature et l'appel passera à l'enregistreur A de la position de gauche, de la même façon que si R s'était arrêté à la position 1 pour relier cet appel à l'enregistreur A de la position principale. On peut montrer de la même façon que si l'enregistreur A de la position de gauche est occupé, l'appel passera automatiquement à l'enregistreur B, par l'intermédiaire cette fois du relais B_1R. De même les appels peuvent être pris par la position de droite si N_2CK est abaissée N_1CK ne l'étant pas ou bien, si N_1CK étant abaissée, les deux enregistreurs de la position de gauche sont occupés.

L. — APPELS SPÉCIAUX

1) Les circuits permettent trois sortes d'appels spéciaux : renseignements, table d'essais et annotatrices. Quand l'abonné demande une des connexions ci-dessus, il suffit que l'opératrice appuie respectivement sur les positions 7, 8 ou 9 des clés des milliers. Les connexions ci-dessus peuvent être occupées sans que le compteur de l'abonné fonctionne. Si un appel spécial autre que les précédents, et pour lequel la conversation ne doit pas être comptée, est demandé par un abonné, il suffit que l'opératrice appuie sur la clé commune de rupture du circuit du compteur CMHK en même temps que sur la clé de rupture RK. Les circuits correspondants aux appels précédents sont décrits ci-après.

2) Quand la clé de renseignement n° 7 est enfoncée, la terre est reliée au relais IRR et aux deux enroulements en parallèle des relais CMHR et RCR par le contact de gauche de la clé. Le contact de droite de la même clé relie la terre à MR par le contact 1 de RHA et les enroulements des enregistreurs de numéros. Le fonctionnement de IRR relie la terre aux contacts des clés 1 des milliers et des centaines et le relais RCR en fonctionnant relie la terre aux contacts 9 des clés des dizaines et des unités. Les enregistreurs de numéros enregistrent le numéro 1199. Le relais MHAR attire son armature aussitôt que les relais CMHR puis MR ont fonctionné. Le courant de la batterie passe à travers l'enroulement de 60 ohms de MHAR, son contact de travail, le contact de repos de TRAR, le contact de travail de HAR, le contact O de RHA, les enroulements de 380/380 ohms de HAR, le contact E de R.3., l'enroulement de 30 ohms de MHR, le contact K de R.2. qui est à la position 6 à la terre du relais HOR.

Le relais MHR attire son armature et se bloque par son enroulement de 50 ohms d'un côté, tandis que de l'autre côté il rompt le circuit du compteur de conversation. Le relais MHR ne revient au repos que lorsque R.2. atteint la position 18, ce qui a pour effet de mettre à la terre à l'entrée de l'enroulement de 500 ohms par l'intermédiaire du ressort S de R.2. La communication avec le numéro 1199 est établie comme il a été expliqué précédemment, la seule différence réside dans la rupture de la communication qui se fait sans que le compteur de l'abonné enregistre l'appel.

Si l'opératrice avait inscrit le numéro 1199 à la façon ordinaire, la communication aurait été établie avec les renseignements, mais la communication aurait été comptée lors de la rupture de la connexion.

3) Pour appeler la table d'essais, l'opératrice appuie sur la clé n° 8 des milliers.

Les connexions établies sont similaires aux précédentes, sauf que dans ce cas le relais ERR est actionné à la place de IRR, ce qui fait que le n° 1399 est appelé au lieu de 1199.

De même que dans le cas précédent, la communication n'est pas enregistrée sur le compteur.

4) Si l'opératrice veut relier un abonné avec l'annotatrice, elle appuie sur la clé n° 9 des milliers. Le relais CTRR est actionné au lieu des relais IRR et ERR, de sorte que le numéro 1999 est appelé. Les lignes de 1800 à 1999 correspondant à la dixième rangée du sélecteur de groupes primaire sont réservées pour les appels aux annotatrices.

Le fonctionnement du circuit est le même que dans le cas d'un abonné ordinaire jusqu'au moment où le sélecteur de groupes primaire cherche une ligne libre vers le sélecteur de lignes. Les combineurs sont dans les positions suivantes :

R	R.1.	R.2.	RHA	R final
4	6	8	14	1

Quand le comptage des centaines se fait, le choisisseur de balais P.2. est prêt pour déclancher les balais de la dixième rangée, qui choisissent le dixième groupe de sélecteurs de lignes. Ce sélecteur est spécial et se trouve relié aux lignes vers l'annotatrice montrées sur la figure 5. Quand le sélecteur primaire rencontre une ligne libre, un circuit se trouve fermé pour les relais GT_1R, puis pour GT_2R à travers le troisième fil de la ligne montrée sur la figure, à travers le contact de repos de QR et la résistance de 200 ohms. GT_1R et GT_2R sont actionnés, ce qui a pour effet de faire passer *R.2. à la position 10.*

Quand RHA passe à la position 14 et actionne SR pour compter les dizaines, la terre de SR se trouve reliée au relais TRAR à travers le contact inférieur de H de RHA, les contacts L de R.100 et de R.1000.

Le relais TRAR attire son armature, ce qui relie la terre à *RHA qui passe à la position normale.* Quand la position 17 est dépassée, le circuit de GLR se trouve ouvert au contact L de RHA. L'ouverture de GLR en retombant relie la terre à *R.2. qui passe à la position 12.*

R.2. à la position 12 ferme un circuit de la batterie du translateur, relais S_2R, contact P de R.2., balais J et terre du relais SAR.

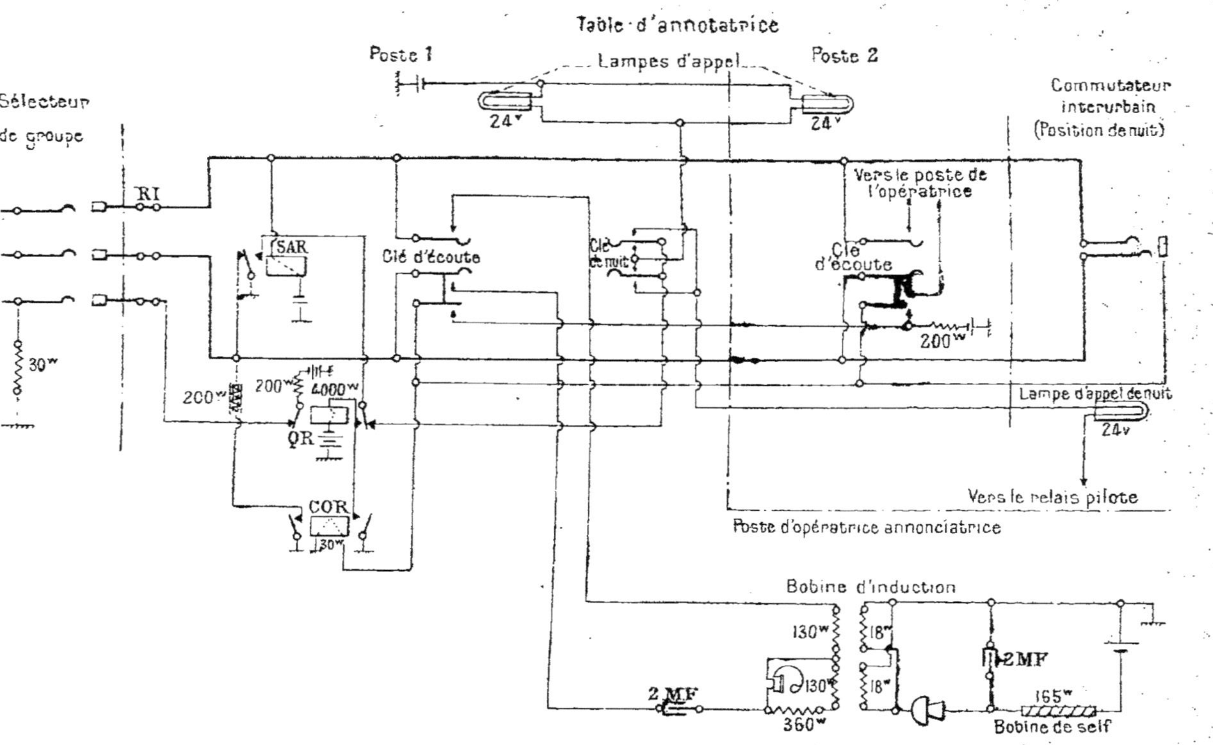

Fig. 5. — Ligne d'appel des annotatrices.

S_1R attire son armature, ce qui fait passer *R.1. à la position 8*. En même temps, un autre circuit se trouve fermé de la batterie à travers le relais SAR, le balai I, le ressort Q de R.2., le translateur et la terre. Le relais SAR, qui est à mouvement lent, attire son armature après que S_2R a fonctionné, et rompt le circuit de S_2R dont l'armature retombe.

R.1. passe à la position 10 et la lampe RL s'allume. En même temps, l'armature du relais SAR ferme le circuit des lampes d'appel de la ligne choisie qui s'allument sur la table d'annotatrice.

5) L'annotatrice manœuvre sa clé d'écoute et s'informe de la demande de l'abonné. La fermeture de la clé établit un circuit à travers le relais de coupure COR qui attire son armature. Le contact de gauche de COR ferme le circuit du relais de supervision S_2R qui attire son armature, ce qui éteint la lampe RL et ait passer *R.1. à la position 15*. Le contact de droite ferme le circuit de QR, qui se bloque par le contact de SAR et qui coupe le circuit des lampes d'appel qui s'éteignent.

Quand l'annotatrice a reçu la demande de l'abonné, elle le prie de raccrocher son récepteur jusqu'au moment où il sera rappelé par l'opératrice interurbaine.

L'abonné en raccrochant son récepteur allume la lampe SIL. L'annotatrice remet sa clé d'écoute au repos, ce qui coupe le courant à travers COR dont l'armature retombe ; le relais S_2R n'étant plus actionné, la lampe S_2L s'allume.

L'opératrice, en voyant les deux lampes s'allumer, rompt la connexion au moyen de sa clé RK sans que la communication soit enregistrée, comme il a été expliqué précédemment pour les appels demandés pour la table de renseignements.

Quand R.2. dépasse la position 12, le circuit de SAR est rompu au contact K, son armature retombe et ouvre le circuit de QR qui revient au repos.

M. — RUPTURES PRÉMATURÉES

1) Une rupture prématurée peut arriver à un moment quelconque de l'établissement d'une communication.

Quelques cas sont examinés ci-après.

Supposons qu'un abonné décroche son récepteur et qu'après un moment il le raccroche sans avoir attendu la demande de l'opératrice et que la lampe CL se soit allumée en face de l'opératrice. En ce moment *R est à la position 4*, *R.1. à la position 3*, *R.2. à la position 4* et *R.3. a commencé à tourner* à la recherche d'un enregistreur libre. Quand l'abonné raccroche, l'armature de S_1R retombe et la lampe S_1L s'allume. L'opératrice rompt la connexion immédiatement en appuyant sur la clé de rupture RK, Le relais de rupture RR est actionné par H de R.1., les contacts de repos de S_1R et de HOR et la terre de RR, l'attraction de l'armature de ce relais se produit, car c'est un relais dont les contacts de travail s'établissent avant que les contacts de repos se rompent ; il occupe la terre qui était reliée au troisième fil du chercheur primaire.

Le relais LT_1R laisse retomber son armature et *R retourne à sa position normale*. L'attraction de l'armature du relais RR a pour effet de faire passer *R.2. à la position 4*.

Quand *R.3. passe à la position 13*, il relie la terre par l'intermédiaire du ressort B de R.3. à *R.2. qui passe à la position 6*. Dans cette position, la terre est reliée par le ressort M à *R.2. qui passe à la position 13.*

Dans cette position, la terre de HOR est reliée à R.1. par l'intermédiaire des ressorts K de R.2. et B de R.1.

R.1. passe à la position 8. R.1. retrouve la terre par l'intermédiaire de B de R.1. au contact de repos de l'armature de S_1R,

R.1. passe à la position 9 et retrouve la terre de HOR par B de R.1. et K de R.2. ; *R.1. retourne à sa position normale.*

Quand R.1. passe par la position 16, GLR est actionné à travers B de R.2., M de R.1., S_2L, la batterie de 24 volts à la terre. *R.2. passe à la position 17* car il retrouve la terre de GLR à travers le contact de repos de GT_2R et le ressort D de R.2. Dans cette position, GT_2R est actionné par le courant passant au travers de HG, par le contact supérieur H de R.2., le contact de repos de l'interrupteur G.INT., l'enroulement de GT_2R et la terre au ressort S de R.2. *R.2. passe à la position 18.*

2) Supposons que, lorsque l'abonné appelant a décroché son récepteur et a allumé la lampe CL, l'opératrice veuille changer de circuit de connexion ou transférer l'appel sur une autre position.

Pour obtenir ce résultat elle appuiera sur sa clé commune de rupture CRK en même temps que sur la clé de rupture RK du circuit de connexion. La communication sera rompue comme ci-dessus, mais comme l'abonné n'a pas raccroché son récepteur, LR et CR sont actionnés de nouveau et relient l'abonné à un autre circuit de connexion.

Il est bon de noter que dans le cas précédent, c'est-à-dire lorsque l'abonné avait raccroché son récepteur, l'opératrice pouvait rompre la connexion par la seule manœuvre de sa clé RK, car S_1R étant au repos, la terre nécessaire au fonctionnement de RR se trouvait par le circuit suivant : contacts de repos de S_1R, de HOR et de RR, tandis que lorsque l'abonné a son récepteur décroché, l'opératrice est obligée de se servir de la clé commune de rupture CRK qui donne la terre à RR à travers CRR.

3) Un autre cas à considérer est lorsque la lampe CL scintille et que l'opératrice est reliée à l'abonné appelant. A ce moment *R est à la position 4, R.1. est en 4, R.2. en 6* et *RHA en 6.* Quand la clé de rupture actionne RR, *R.2. passe à la position 13.* En passant par la position 10 il ouvre le circuit de HAR au contact K de R.2. L'armature de gauche de HAR en retombant ferme un circuit à travers *RHA qui retourne à sa position normale.* La remise au repos de R., R.1., et R.2. se fait de la même façon que dans le premier cas.

4) Deux autres cas à envisager sont les suivants : l'opératrice

ayant enfoncé les clés, l'abonné raccroche son récepteur ; l'opératrice a inscrit un mauvais numéro qu'elle n'a pas pu corriger à temps avec sa clé d'effacement. Dans ce dernier cas, l'opératrice se sert de la clé de rupture du circuit de connexion et de la clé commune de rupture CRK. En rompant la connexion, elle transfère l'appel à un autre circuit de connexion.

Supposons que l'opératrice ait enfoncé sa clé de rupture quand l'appel en est arrivé au comptage des centaines. *R est à la position 4, R.1. en 6, R.2. en 7* et *RHA en 12*. Quand RR est actionné par l'opération de la clé de rupture, *R.2. passe à la position 13*, R.2. dégage R, R.1. et RHA comme il a été décrit précédemment.

On peut noter que toute rupture prématurée ayant lieu après le cas précédent et jusqu'avant que le sélecteur de groupes primaire soit connecté au sélecteur de lignes, se fera de la même façon.

5) Supposons qu'une rupture prématurée ait lieu lorsque le choisisseur de balais du sélecteur final P.2. est en train de compter les dizaines. Les combineurs sont dans les positions suivantes :

R	R.1.	R.2.	RHA	R final
4	6	10	14	2

La manœuvre de la clé de rupture remet au repos R, R.1., R.2. et RHA comme précédemment.

Quand R.2. passe à la position 12, le sélecteur final est complètement déconnecté du circuit de connexion, ce qui a pour effet de remettre au repos les relais FLR et QR. L'armature de FLR en revenant au repos, fait passer *R final à la position 3* et l'armature de QR, en revenant au repos, fait passer *R à la position 4*. Comme FLR est au repos, *R passe à la position 10* où FLR est relié à la terre à travers le contact de repos de l'interrupteur.

FLR attire son armature, ce qui fait passer *R à la position 11*. La terre de QR fait passer *R à la position 15*. Dans cette position FLR revient au repos, ce qui fait passer *R à la position 18*.

FLR est actionné de nouveau à travers le contact de repos de l'interrupteur, de sorte que *R reprend sa position normale*.

Une rupture prématurée quelconque faite dans ces conditions produira les mêmes effets.

N. — PRINCIPALES POSITIONS DES COMBINEURS

L'axe de chaque combineur peut occuper 18 positions dans chacune desquelles un circuit différent est établi pour répondre aux besoins de l'instant où il fonctionne.

Afin de se rendre compte aisément de la position qu'occupe un combineur à un instant donné, l'axe de chaque combineur porte un tambour numéroté de 1 à 18. Un index fixe placé en regard de ce tambour permet de lire le numéro correspondant à la position actuelle. On voit sur la figure 6 l'axe de l'enregistreur et l'index en face du numéro 1.

Les principales positions des combineurs sont désignées dans le tableau suivant :

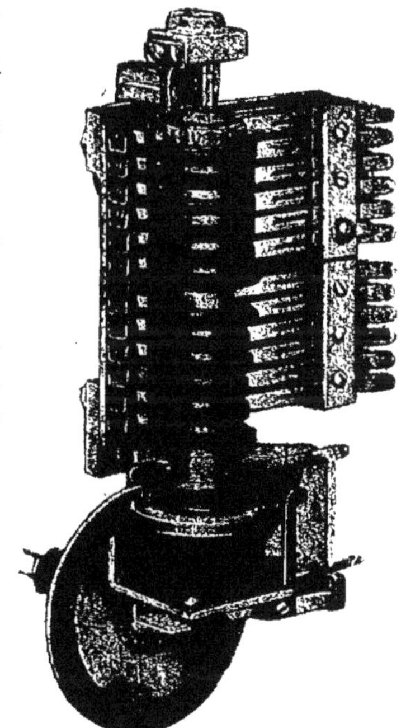

Fig. 6. — Axe de l'enregistreur.

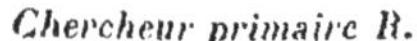

Chercheur primaire R.

1. Normale et recherche.
3. Attente du chercheur secondaire.
4. Conversation.
5. Comptage des conversations.
6. Blocage.
7-9. Retour à la position normale.

Chercheur secondaire R.1.

1. Normale.
3. Attente d'un enregistreur libre. Lampe d'appel allumée.
4. Poste d'opératrice relié. Lampe d'appel scintille.
6. Poste d'opératrice déconnecté. Attente du choix du sélecteur final. Lampe de sonnerie allumée.
8. Occupation. Lampe de supervision S_2L scintille.
10. Attente de la réponse de l'abonné appelé. Lampe de sonnerie allumée.
15. Conversation. Blocage.

16-18. Comptage des conversations.

Sélecteur de groupes primaire R.2.

18. Normale. Pas en service.

Sélecteur de groupes primaire R.2. (Suite).

1. Normale en service et recherche.

4-5. Attente pendant que R.3. trouve un enregistreur libre. Ligne d'appel allumée.

6. Attente de l'inscription du numéro sur les clés numérotées.
7. Comptage des centaines avec le choisisseur de balais P.2.
8. Recherche d'une ligne libre vers le sélecteur final (PG).
10. Attente du comptage final.
12. Conversation. Occupation ou blocage.
16. Attendant que R.1. ferme le circuit de comptage des conversations.

Sélecteur final R.

1. Normale.
2. Comptage des dizaines avec le choisisseur de balais P.2.
3. Attente de l'enregistreur.
4. Balais comptant les unités avec P.1. Blocage lorsque CHOK est actionné avant que R atteigne la position 4.
7. Essai de la ligne appelée.
10. P. 1. retourne à sa position normale dans le cas d'une ligne occupée.
11. Occupation.
12. Appel.
13. Conversation.
15. Attendant le raccrochage du récepteur de l'abonné appelé.
16. Blocage, lorsque CHOK est actionné après que R a atteint la position 4.
18. P.1. retourne à sa position normale après une conversation.

Combineur de l'enregistreur RHA.

1. Normale.
5. Attendant le dégagement des clés numérotées.
6. Attendant l'enfoncement des clés numérotées.

7. Déconnexion du poste d'opératrice du chercheur de lignes secondaire.
8. Attente pendant que les combineurs R.1000, R.100, R.10 et R.U. prennent leurs positions.
10. Prêt à compter les milliers.
12. Comptage des centaines.
14. Comptage des dizaines.
16. Comptage des unités.
17. Retour à la position normale en faisant passer R.2. de la position 10 à la position de conversation 12.

DESCRIPTION
DES CIRCUITS DE LA TABLE DE SURVEILLANTE
D'ANGERS

Fig. 7. Ligne venant du bureau semi-automatique.
» 8. Monocorde de réponse.
» 13. Poste d'opératrice.
» 12. Ligne vers le bureau semi-automatique ou ligne de surveillance.
» 9. Circuit d'une paire de cordons.
» 14. Observation du service sur les lignes.
» 10. Ligne d'appel d'arrivée.
» 11. Ligne d'appel de départ.
» 15. Circuit de la lampe pilote et de la sonnerie de nuit.

Ligne venant du bureau semi-automatique (fig. 7). — A

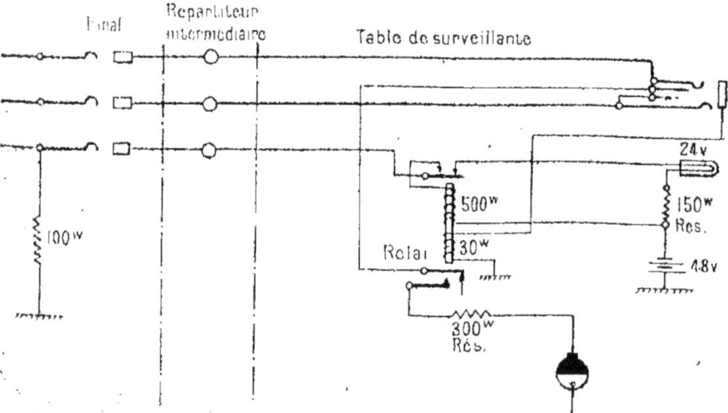

Fig. 7. — Ligne venant du bureau semi-automatique.

Angers la surveillante sera chargée de l'observation du service et des renseignements, de sorte que toutes les réclamations et demandes d'information des abonnés lui parviendront.

La table de surveillante est munie de lignes venant du bureau semi-automatique reliées aux contacts de la même ligne sur les sélecteurs finals d'un même groupe, mais dont les fils de multiplage sont enlevés.

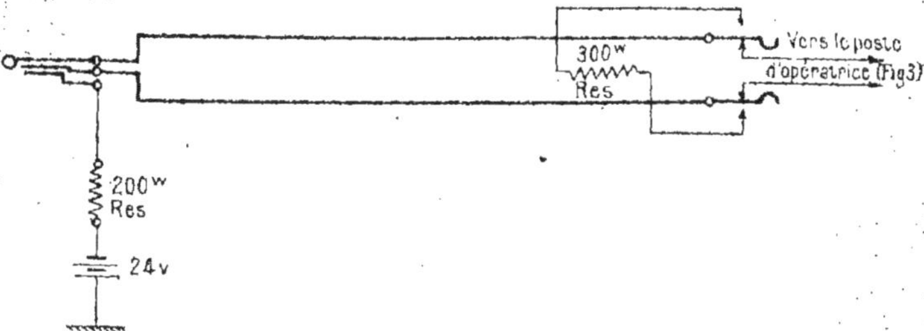

Fig. 8. — Monocorde de réponse.

Si une communication est demandée pour la surveillante, l'opératrice semi-automatique appuie sur la clé n° 7 des milliers, ce qui allume la lampe de 24 volts d'une ligne libre sur la table de surveillante.

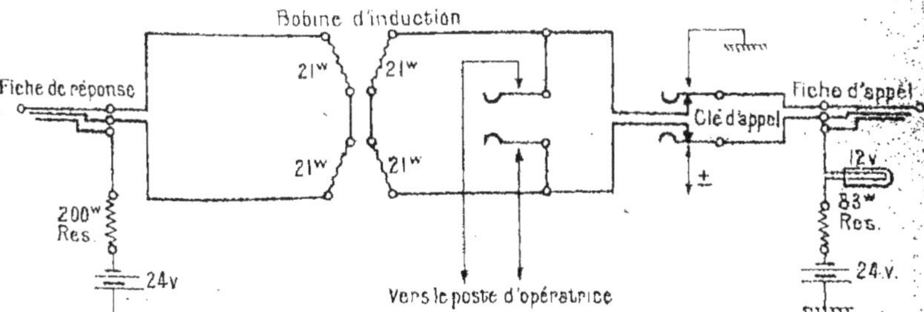

Fig. 9. — Circuit d'une paire de cordons.

La surveillante répond en enfonçant un monocorde de réponse (fig. 8) dans le jack correspondant à la lampe allumée. La batterie du 3e fil actionne le relais à deux enroulements qui se bloque à travers son contact de travail et la résistance de 100 ohms du sélecteur final. La lampe s'éteint. Quand la conversation est terminée, la surveillante en retirant sa fiche relie l'interrupteur d'éclairement au conducteur de corps de la ligne, ce qui produit des interruptions d'éclairement de la lampe de supervision S_2L.

L'opératrice semi-automatique est donc informée que la communication est terminée.

Dans le cas où l'abonné désire être relié à un autre abonné la surveillante se sert d'une des paires de cordons (fig. 9) et appelle l'abonné en plaçant sa fiche d'appel dans un jack de départ vers le bureau semi-automatique (fig. 12). Ces jacks de départ sont reliés à un groupe de chercheurs primaires qui transfère l'appel à une opératrice semi-automatique.

La surveillante doit écouter pour s'assurer que la conversation

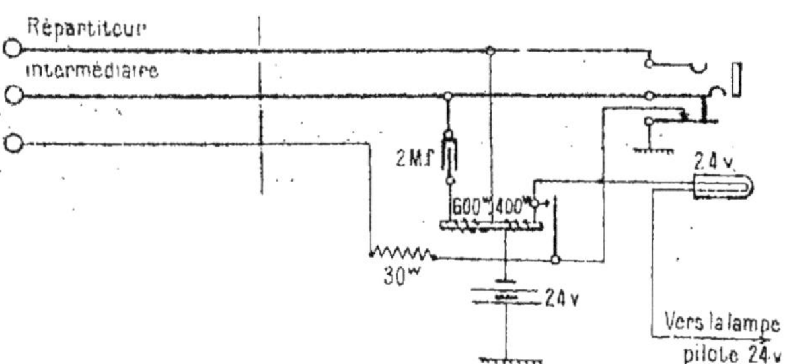

Fig. 10. — Ligne d'appel d'arrivée.

est terminée ; en attirant les fiches elle donne la fin des deux côtés.

Monocorde de réponse (fig. 8). — Ce monocorde est employé par la surveillante pour parler à un abonné relié à sa table. Une clé de garde est prévue pour garder la ligne temporairement. Ce monocorde est employé également pour surveiller une ligne.

Circuit d'une paire de cordons (fig. 9). — Les paires de cordons sont employées par la surveillante pour établir les communications comme il a été expliqué précédemment.

Ligne d'appel d'arrivée (fig. 10). — Ces lignes d'appel sont employées pour recevoir directement les appels provenant soit de la table d'essai, soit des tables interurbaines. Quand un appel arrive, le relais d'appel se bloque et allume la lampe d'appel.

Quand l'opératrice enfonce sa fiche de réponse la terre se trouve coupée au contact du jack et la lampe s'éteint.

Fig. 11. — Ligne d'appel de départ.

Ligne d'appel de départ (fig. 11). — La surveillante emploie ce circuit pour appeler la table d'essai, les opératrices interurbaines ou un abonné.

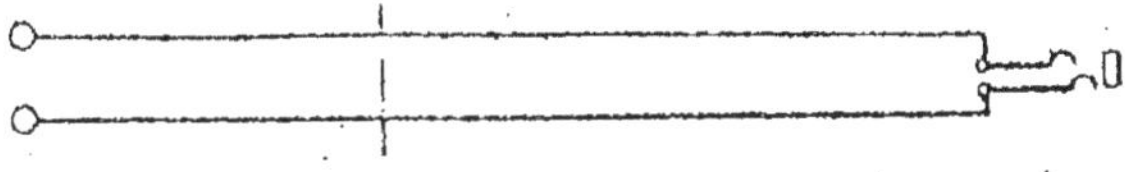

Fig. 12.
Ligne vers le bureau semi-automatique ou ligne de surveillance.

Ligne de surveillance ou ligne vers le bureau semi-automatique (fig. 12). — Ces lignes se terminent à des jacks sur la table de surveillante et aboutissent au répartiteur intermédiaire où elles

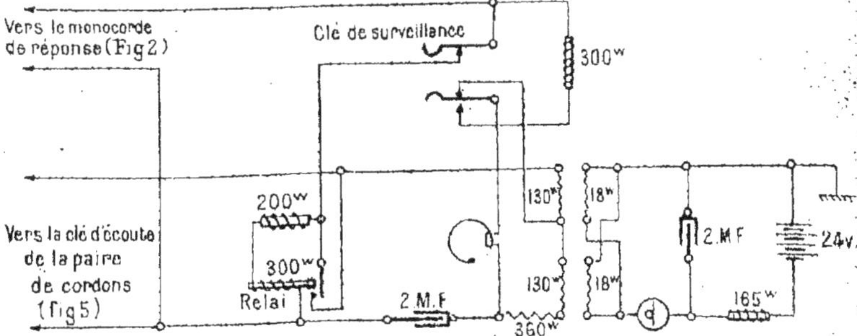

Fig. 13. — Poste d'opératrice.

peuvent être reliées à une ligne quelconque. Pour la surveillance d'une ligne, l'opératrice emploie un monocorde de réponse et abaisse ses clés de surveillance (fig. 13) et d'écoute. La clé de surveillance coupe le transmetteur et relie le récepteur en série avec le condensateur du poste et une bobine de self de 300 ohms.

Observation du service sur les lignes (fig. 14). — Ces lignes se

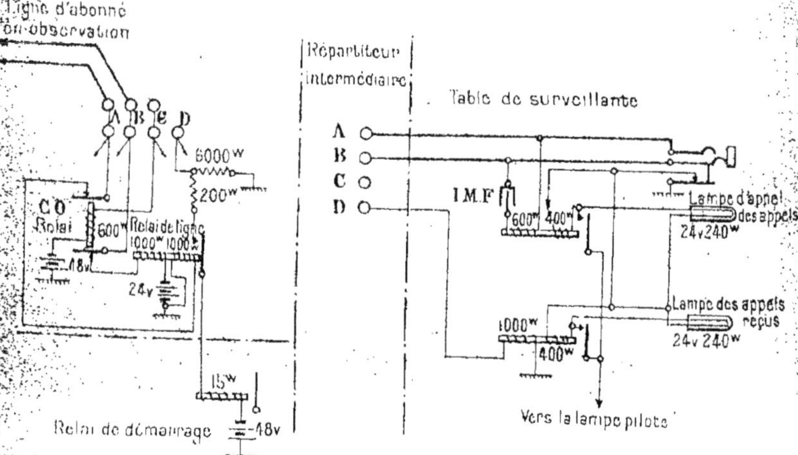

Fig. 14. — Observation du service sur les lignes.

terminent sur la table de surveillance à des jacks et à deux signaux d'appel, elles aboutissent au répartiteur intermédiaire. Elles sont

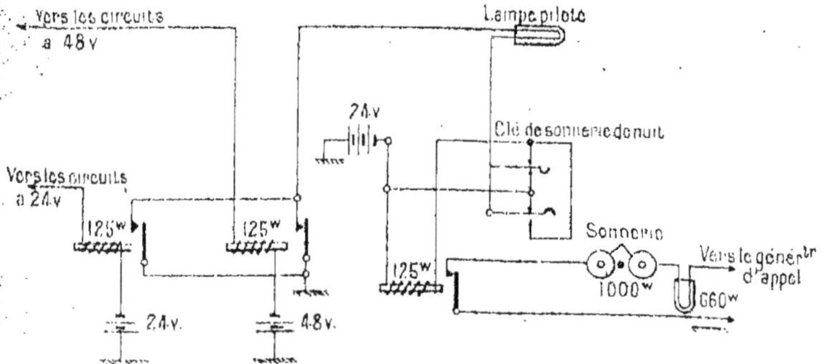

Fig. 15. — Circuit de la lampe-pilote et de la sonnerie de nuit.

reliées aux lignes d'abonnés à observer au moyen de cordons volants terminés par des pinces. Une lampe d'appel correspond aux appels émis par l'abonné et l'autre aux appels reçus de sorte qu'il est facile d'observer les deux genres d'appel.

Quand un abonné appelle, son relais de ligne attire son armature, ce qui ferme le courant pour les relais de démarrage à travers la résistance de 200 ohms et en dérivation avec la résistance de 600 ohms par le contact D à travers l'enroulement de 1000 ohms du relais de blocage. La lampe d'appel des appels émis s'allume. Quand la surveillante enfonce la fiche de son monocorde la lampe s'éteint.

Quand un abonné est appelé par une opératrice semi-automatique, une dérivation du courant d'appel passe dans le relais d'appel à blocage monté en dérivation sur les fils A et B et la lampe des appels reçus s'allume. Cette lampe s'éteint quand la surveillante enfonce sa fiche dans le jack d'observation.

DESCRIPTION
DES CIRCUITS ET DES MÉTHODES D'ESSAIS
DE LA TABLE D'ESSAIS D'ANGERS

Fig. 18. Ligne venant du bureau semi-automatique } figures réunies sur la planche 3.
» Ligne d'essais et de renvoi à la table interurbaine.
» Ligne d'essais au répartiteur général.
» 19. Jack d'essais sur les lignes interurbaines.
» Circuit d'essais au voltmètre..........se trouve sur la planche 3.
» 16. Cordons de connexion.
» 20. Ligne d'appel d'arrivée.
» 17. Ligne d'appel de départ et ligne de départ vers le semi-automatique.

Circuit d'essais au voltmètre (voir planche III, fig. 3). — Le circuit d'essais se termine à des fiches d'essais et comprend les clés suivantes :

1 à 4. Clés de mise en circuit des différentes fiches d'essais.

5. Clé permettant de faire les essais intérieurs et extérieurs. Dans sa position normale, quand une fiche est placée dans une ligne d'essais au répartiteur général (voir planche III, fig. 3), elle permet au relais de 200 ohms de fonctionner et de faire les essais extérieurs. Au contraire, quand elle est abaissée, le relais ne fonctionne pas et les essais intérieurs peuvent être faits. Quand les clés 10 et 12 sont abaissées, la manœuvre de cette clé supprime la connexion entre le voltmètre et la pointe de la fiche d'essais, ce qui évite la mise en série de la batterie du bureau central et de la pile de la table d'essais.

6. Clé d'inversion qui permet d'inverser les deux fils de la ligne par rapport au circuit d'essais.

7. Clé d'appel.

8. Clé de mise à la terre. Abaissée, elle met la pointe de la

fiche d'essais à la terre ; elle est employée pour les essais effectués avec le voltmètre et le relais du sounder.

9. Clé de sounder employée pour relier le relais d'essais et un sounder à un côté de la ligne quand on veut obtenir des signaux pouvant s'entendre au loin.

10. Clé de voltmètre, employée avec les clés suivantes ;

12. Clé de boucle : dans sa position normale, elle relie le pôle positif de la pile d'essais à la terre ; lorsqu'elle est abaissée, elle relie ce pôle à la pointe de la fiche d'essais.

13. Clé de coupure de la pile d'essais : abaissée, elle relie le voltmètre directement à la terre dans le but de mesurer les potentiels extérieurs.

14. Clé d'inversion de voltmètre : abaissée, elle inverse les connexions du voltmètre par rapport à la ligne à essayer. Elle est employée concurremment avec la clé de coupure du voltmètre pour l'essai des potentiels extérieurs.

15. Clé de shunt du voltmètre : abaissée, elle réduit la résistance effective du voltmètre de 10.000 à 400 ohms pour la mesure des résistances des lignes.

11. Clé de hurleur employée pour appeler sur les lignes des abonnés qui ont laissé leurs récepteurs décrochés.

16. Clé de batterie : dans sa position normale, elle place une bobine de self en dérivation sur le circuit d'essais ; abaissée, elle coupe cette dérivation et relie la batterie de 24 volts au circuit d'essais pour l'alimentation des postes des abonnés reliés à ce circuit.

En plus des appareils ci-dessus, le circuit d'essais est muni des cordons suivants :

Cordons de mises à la terre. — Le cordon de la première position de la table a sa pointe reliée à la terre, celui de la deuxième position a le corps à la terre. Ces cordons sont employés pour mettre l'un ou l'autre côté d'une ligne à la terre.

Cordons du sounder employés pour relier le relais et le sounder à l'un ou l'autre côté de la ligne à essayer lorsque des signaux sonores sont nécessaires. La pointe de la fiche est employée sur la première position et le corps sur la deuxième.

Cordons de connexions (fig. 16) employés pour mettre deux lignes en communication. Cette paire de cordons est équipée avec une clé d'appel, une clé d'écoute et une lampe de supervision.

Lignes d'essais au répartiteur général (voir planche III). — Ce circuit, multiplié sur les deux positions, est pourvu à chaque position d'un jack qui permet de faire des essais intérieurs ou extérieurs. En enfonçant une fiche d'essais (voir planche III), dans un jack, le relais de 200 ohms est actionné comme il a été expliqué précédemment, ce qui permet de faire les essais extérieurs. Le relais en attirant son armature relie un de ses contacts à la terre. Un relais d'appel à blocage est placé en dérivation sur la ligne de

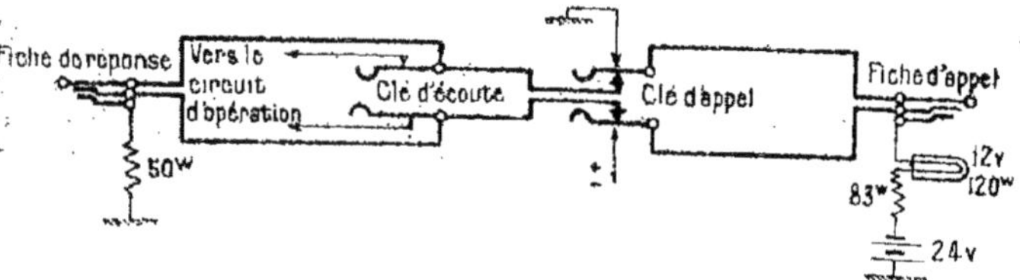

Fig. 16. — Cordons de connexions.

façon à recevoir les appels arrivant sur cette ligne pendant qu'on l'essaie.

Quand la clé 5 est abaissée du côté intérieur, l'armature du relais de 200 ohms retombe. La fiche d'essais se trouve reliée au côté intérieur de la ligne à essayer.

Comme ce circuit est employé pour des essais de courte durée, il n'est pas prévu de dispositif pour recevoir les appels pouvant venir sur la ligne à essayer pendant l'essai. Pour les essais plus longs on emploie la ligne de renvoi (voir planche III, fig. 1) comme il sera expliqué ci-après.

Lignes d'essais et de renvoi au meuble interurbain (planche III, fig. 1). — Ces lignes permettent à l'électricien chargé des essais de se rendre compte des conditions des lignes en essais même pendant que les dérangements sont recherchés. Le circuit peut être employé dans les conditions suivantes :

Si le fil de pointe d'une ligne est à la terre, la ligne sera bruyante ; pour essayer la ligne, l'électricien demandera par ligne de conversation à l'opératrice interurbaine qui dessert les fiches d'essais, d'enfoncer une de ces fiches dans le jack multiple de l'abonné.

L'électricien enfoncera une des fiches du circuit d'essais dans le jack de renvoi et déterminera l'endroit du dérangement.

Il retirera sa fiche d'essais et laissera la clé commutatrice correspondant au jack de renvoi dans la position normale. Si l'abonné appelle pendant que sa ligne est ainsi renvoyée à la table d'essais, il actionnera le relais à deux enroulements de 200 ohms et allumera la lampe d'appel correspondant au jack de renvoi auquel sa ligne est renvoyée. L'électricien pourra enfon-

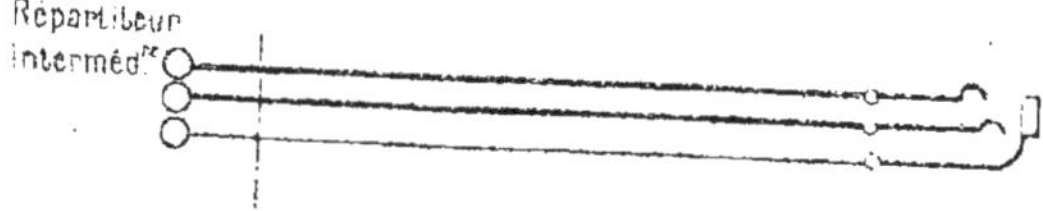

Fig. 17.
Ligne d'appel de départ et ligne de départ vers le semi-automatique.

cer une fiche d'essais, et en manœuvrant sa clé de batterie n° 16 pourra entrer en relation avec l'abonné. Si l'abonné désire une communication, l'électricien se servira d'une paire de cordons fig. 16) en plaçant la fiche de réponse dans le jack de renvoi et la fiche d'appel dans un jack d'une ligne de départ vers le semi-automatique (fig. 17) ; ces lignes sont reliées à un groupe de chercheurs primaires, ce qui transfère l'appel à une opératrice semi-automatique.

L'électricien peut surveiller la communication au moyen de sa clé d'écoute ; lorsque la communication est terminée, il donnera la fin à l'opératrice semi-automatique en rompant la connexion.

Si le fil de corps d'une ligne est à la terre ou si les deux fils de ligne sont en court-circuit, le relais de ligne de l'abonné reste attiré. L'électricien demandera comme précédemment le renvoi de la ligne de l'abonné à l'opératrice interurbaine, et abaissera la clé commutatrice de la ligne de renvoi correspondante. Lorsque le dérangement sera trouvé et réparé, l'électricien en sera avisé immédiatement par l'allumage de la lampe de la ligne de renvoi, et n'aura plus qu'à remettre au repos la clé commutatrice.

Le fil de test de la ligne renvoi est relié à la terre à travers une résistance de 50 ohms et à travers l'enroulement d'une bobine de test de dérangement. Quand la fiche de la ligne de renvoi sur le multiple est enfoncée dans le jack multiple d'une ligne d'abonné, le relais de coupure COR de cette ligne fonctionne et empêche la ligne d'être reliée au chercheur primaire. En même temps un test de dérangement est appliqué sur les canons des

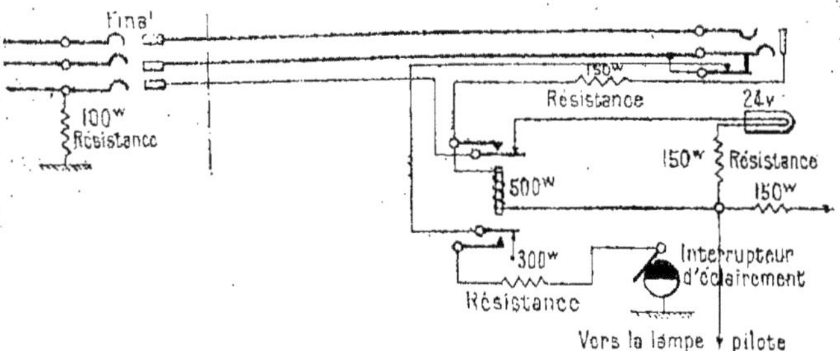

Fig. 18. — Ligne venant du bureau semi-automatique.

jacks multiples de la ligne, ce qui empêche les opératrices interurbaines de prendre cette ligne.

Ligne venant du bureau semi-automatique (fig. 18). — La table d'essais est munie de lignes venant du bureau semi-automatique. Ces lignes sont reliées aux contacts de la même ligne sur les sélecteurs finals d'un même groupe dont on a supprimé les fils de multiplage.

Si une communication est demandée pour l'électricien, l'opératrice semi-automatique appuie sur sa clé numérotée n° 8 des milliers ; ceci allume la lampe d'appel d'une des lignes libres sur la table d'essais. L'électricien répond en enfonçant par exemple la fiche de réponse d'une des paires de cordons dans le jack correspondant à la lampe allumée. Il relie ainsi l'enroulement du relais de 500 ohms (fig. 18) à la terre à travers la résistance de 150 ohms du jack et la résistance de 50 ohms du 3ᵉ conducteur de la fiche. Le relais de 500 ohms, en attirant son armature, éteint la lampe et se bloque à travers la résistance de 100 ohms du sélecteur final. Quand l'électricien retire sa fiche, l'interrupteur d'éclairement est relié au fil de corps de la ligne, et par conséquent interrompt périodiquement le courant dans le relais de supervision S_2R, ce qui produit le scintillement de la

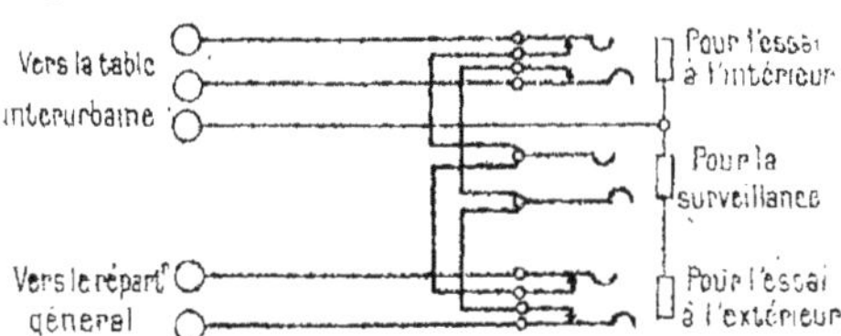

Fig. 19. — Jack d'essai sur les lignes interurbaines.

lampe de supervision. L'opératrice semi-automatique peut rompre la connexion ; le relais de 500 ohms revient alors au repos.

Jacks d'essais sur les lignes interurbaines (fig. 19). — Les lignes interurbaines passant sur la table d'essais, l'électricien peut les essayer soit à l'intérieur, soit à l'extérieur et peut également écouter en surveillant les lignes.

Ligne d'appel d'arrivée (fig. 20). — Ces lignes sont utilisées

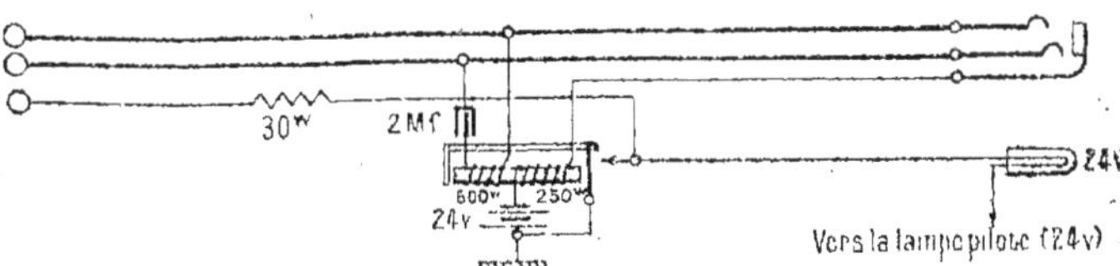

Fig. 20. — Ligne d'appel d'arrivée.

pour recevoir les appels provenant soit des opératrices interurbaines, soit de la surveillante. Chaque ligne est munie d'une lampe d'appel qui est allumée par le fonctionnement d'un relais annonciateur. Lorsqu'on répond, l'armature du relais est attirée et la lampe s'éteint.

Ligne d'appel de départ et ligne de départ vers le semi-automatique (fig. 17). — Ces lignes sont employées par l'électricien pour communiquer directement avec la surveillante ou pour faire communiquer un abonné dont la ligne est renvoyée sur la table d'essais, comme il a été expliqué précédemment.

MÉTHODES D'ESSAIS

Tous les essais sont faits avec le circuit d'essais au voltmètre. Un circuit d'essais est prévu pour chaque position de la table d'essais.

La table d'essais peut être reliée soit au répartiteur général, soit au multiple.

Les essais au répartiteur général sont en général de courte durée, ils permettent de localiser les dérangements entre « intérieur » et « extérieur ».

Les essais de plus longue durée sont faits sur les lignes de renvoi.

Les essais les plus communs sont :

1. Isolement ou terre.
2. Continuité.
3. Court-circuit.
4. Mesure de résistance.
5. Essais balistiques.
6. Courants étrangers et potentiels de terre.

1. — *Essais d'isolement ou de terre.* — Abaisser la clé 1, 2, 3 ou 4 correspondant au cordon employé et la clé de voltmètre 10 ; le côté corps ou négatif de la ligne est ainsi essayé.

Pour essayer le côté pointe, abaisser la clé d'inversion.

Si la perte de la ligne est suffisante, on peut obtenir un signal sonore simplement en abaissant la clé du sounder n° 9 au lieu de la clé n° 10.

Cette méthode d'essais est plus rapide. Il est possible de régler le relais commandant le sounder de façon qu'il agisse aussitôt que la résistance d'isolement de la ligne n'est plus suffisante pour assurer le fonctionnement des organes au bureau semi-automatique, de sorte qu'un essai d'une ligne fait avec la clé de sounder, donnant un résultat négatif, pourra être considéré comme satisfaisant. Il arrive d'ailleurs fréquemment que, grâce à la faible résistance du relais, un contact de résistance élevée ou une terre intermittente sont transformés en une faute plus franche par cette méthode, tandis que l'essai au voltmètre ne transformerait sans doute pas ces fautes de la même manière.

2. — *Essais de continuité.* — Ces essais peuvent être faits de deux façons :

1° Abaisser la clé de voltmètre 10 et la clé de boucle 12, ce qui a pour effet de mettre en série la ligne et le voltmètre avec la pile d'essais sans terre.

2° Abaisser la clé de voltmètre 10 et ensuite la clé de terre 8 ; dans ce cas, la terre est reliée à l'extrémité de la boucle sur la table d'essais. Cet essai doit toujours être précédé d'un essai pour terre pour s'assurer qu'il n'y a pas de terre sur l'une ou l'autre ligne.

3. — *Essais de court-circuits.* — Un court-circuit peut être essayé en reliant la terre à un des fils de ligne au moyen de la clé 8 et en faisant un essai de terre sur l'autre fil au moyen de la clé 10.

4. — *Essais de résistance.* — Une résistance peut être mesurée en la plaçant en série avec un voltmètre de résistance connue et une batterie de voltage connu. La déviation de l'aiguille du voltmètre sera d'autant plus faible que la résistance sera plus grande.

La résistance extérieure sera égale au produit de la résistance du voltmètre par la différence entre le voltage de la pile et la déviation lue pendant l'essai divisée par la déviation, c'est-à-dire :

$$R = V x \frac{(E - D)}{D}$$

ou :

R = Résistance extérieure.
V = Résistance du voltmètre.
E = Voltage de la pile d'essai.
D = Déviation du voltmètre pendant l'essai.

Le voltmètre de la table d'essais a une résistance de 10.000 ohms. Quand la clé de shunt est abaissée, sa résistance effective est réduite à 400 ohms.

Quand on fait des essais de résistance, il est préférable de faire en sorte que les lectures soient faites vers le milieu de l'échelle.

5. — *Essais balistiques.* — Cet essai sert à déterminer approximativement la capacité de la ligne et des condensateurs qu'elle comporte : il est fait en abaissant la clé de voltmètre 10 et en manœuvrant rapidement la clé d'inversion 6 ; chaque mouvement de cette clé produit une déviation sur le voltmètre.

Le condensateur d'un poste d'abonné donne, dans ces conditions, une déviation à peu près constante, et toute déviation très différente correspond à un dérangement. Il faut tenir compte que si la ligne est très longue ou comprend plus d'un condensateur, la déviation est différente.

Sur les longues lignes, la variation entre une déviation normale et une déviation anormale peut donner une idée de l'endroit où la ligne est ouverte. Sur les lignes courtes, le local (side tone) du récepteur, quand on parle dans le transmetteur, peut donner une idée de la distance à laquelle la ligne est ouverte.

6. — *Essais pour déceler les courants étrangers et les potentiels de terre.* — Ces essais sont faits en abaissant la clé de coupure de la pile d'essais 13 et la clé de voltmètre 10, et au besoin la clé d'inversion du voltmètre 14. Avant de faire cet essai, il est bon de s'assurer que le voltage extérieur ne dépasse pas l'échelle du voltmètre.

MACON, PROTAT FRÈRES, IMPRIMEURS.

DÉTAILS DU FONCTIONNEMENT DU SCHÉMA GÉNÉRAL

Signes conventionnels

- `+` Indique le fonctionnement d'un relais ou d'un électro-aimant
- `-` » la mise au repos » » » »
- R + 1 » que le combineur quitte la position 1
- R + 2 » » » dépasse la position 2
- R - 3 » » » s'arrête à la position 3
- → » suite des opérations

Détails du fonctionnement	Remarques
A [Abonné décroche récepteur]	
	Chercheurs primaires marchent ligne appelante
	Chercheur primaire s'arrête sur ligne appelante
	Tous les chercheurs primaires s'arrêtent
	Et s'arrêtent si tous les chercheurs secondaires sont occupés
	RL s'éteint
	Chercheurs secondaires cherchent chercheur primaire
	Chercheur secondaire s'arrête sur chercheur primaire
	Tous les chercheurs secondaires s'arrêtent
	RL trouve un enregistreur libre
	Opératrice avertie par tonalité

Détails du fonctionnement	Remarques
B [Opératrice agit sur les clés numérotées]	
	Numéro enregistré
	RL s'éteint
	Temps d'avancement des centaines
	Comptage des centaines
	Temps de contact utilisé pour le groupe des centaines
	Temps d'avancement des dizaines
	Recherche d'une ligne au fond libre
	Ligne au fond libre trouvée
	Comptage des dizaines

Détails du fonctionnement	Remarques
	Pr sur les dizaines
	Temps d'avancement des unités
	Comptage des unités
	Pr remise au repos
	Appel
C [Abonné appelé répond]	
D [Abonné raccroche avant correspondant]	

Détails du fonctionnement	Remarques
E [Opératrice manœuvre clé RB]	
	Comptage effectué
	Sélecteur de groupe primaire retourne au repos
	Sélecteur de groupe s'arrête à la position de repos
	Sélecteur final s'arrête à la position de repos
	Pr sélecteur de groupe primaire au repos
F [Ligne occupée et trouvée occupée]	
	Sélecteur final retourne au repos
	Sél. sensible
	Sélecteur final s'arrête à la position de repos
G [Opératrice manœuvre clé RR]	
	R passe en position 3 avant que R atteigne position 16 pas de comptage

DÉTAILS DE LA TABLE D'ESSAIS

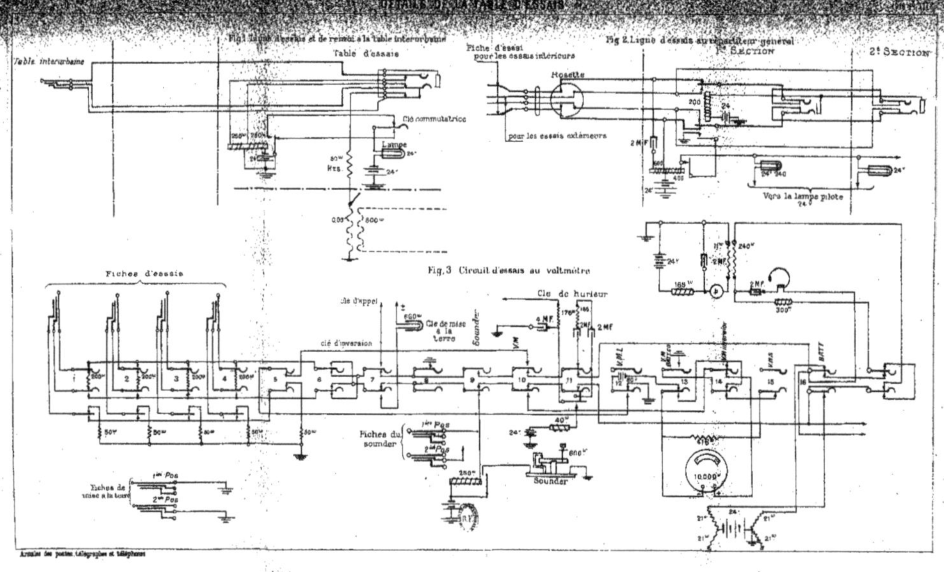

Fig. 1 Ligne d'essais et de renvoi à la table interurbaine

Fig. 2 Ligne d'essais au répartiteur général

Fig. 3 Circuit d'essais au voltmètre

MACON, PROTAT FRÈRES, IMPRIMEURS

www.ingramcontent.com/pod-product-compliance
Ingram Content Group UK Ltd.
Pitfield, Milton Keynes, MK11 3LW, UK
UKHW021219230726
13926UKWH00003B/1125